RÜDIGER GAMM
Alexandra Ehlert

train your brain

Die Erfolgsgeheimnisse eines Gedächtniskünstlers

WILHELM HEYNE VERLAG
MÜNCHEN

FSC
Mix
Produktgruppe aus vorbildlich
bewirtschafteten Wäldern und
anderen kontrollierten Herkünften
Zert.-Nr. SGS-COC-1940
www.fsc.org
© 1996 Forest Stewardship Council

Verlagsgruppe Random House FSC-DEU-0100
Das für dieses Buch verwendete
FSC-zertifizierte Papier *München Super*
liefert Mochenwangen.

Originalausgabe 02/2008

Redaktion: Dr. Gabriele Schweickhardt

4. Auflage
Copyright © 2008 by Wilhelm Heyne Verlag, München,
in der Verlagsgruppe Random House GmbH
http://www.heyne.de
Printed in Germany 2008
Umschlaggestaltung: Eisele Grafik-Design, München
Innenillustrationen: reinert & partner, München
Satz: C. Schaber Datentechnik, Wels
Druck und Bindung: GGP Media GmbH, Pößneck

ISBN 978-3-453-60064-5

Für Leonie Joy,
einen geliebten kleinen Engel.
Leider sind dir viel
zu schnell Flügel gewachsen.

Inhalt

Wie ich wurde, was ich bin

Was wir brauchen, sind ein paar verrückte Leute,
seht euch an, wohin uns
die Normalen gebracht haben.

GEORGE BERNARD SHAW

Kindheit und Schulzeit

Eine Spur Verrücktheit war wohl nötig oder warum sonst sollte ein 21-Jähriger, der die Schule gerade hinter sich gelassen hatte, auf einmal beschließen, ein Rechengenie zu werden, und bei stundenlangem Spazierengehen im Wald Zahlen pauken? Die Voraussetzungen waren schließlich nicht gerade ideal: Immer wieder musste ich später meine alten Zeugnisse herausholen, um zu »beweisen«, dass ich in Mathematik oder in den Naturwissenschaften im Allgemeinen ein schlechter, geradezu miserabler Schüler war.

Aber am besten fange ich von vorn an: 1971 wurde ich in einem kleinen Dorf im Schwäbisch-Fränkischen Wald geboren. Schon damals war ich etwas anders als andere Kinder. Meine ersten Worte waren nicht Mama, Oma, Papa oder Opa, nein, ich weigerte mich bis zum zweiten Lebensjahr standhaft, auch nur ein Wort vorwärts zu sprechen. Ich hatte von meinem Vater die Fähigkeit des Rückwärtssprechens geerbt und die erste Zeit auch nur so gesprochen. Mittlerweile weiß ich, dass sehr viele Kinder beinahe genauso gut vorwärts wie rückwärts reden können, nur meist verliert sich diese Gabe mit der Erweiterung des Sprachschatzes und ist bis zur Einschulung fast immer ganz verschwunden. Doch ich merke mir heute noch wichtige Dinge immer rückwärts und kann auch noch fließend reden, genauso wie mein Vater. Meine Mutter wusste schnell, dass »Amam« meine Form war, Mama zu sagen.

Meine Eltern und Großeltern haben mir schon das Zählen beigebracht, als ich noch gar nicht richtig laufen konnte. Meine Oma nahm mich immer an der Hand und wir haben die einzelnen Schritte gezählt, dann mal nur jeden dritten oder nur die geraden. Lesen konnte ich auch schon früh, wobei der pädagogische Wert von Comics in meinem Fall sehr hoch war. Auch der Ausflug in die lateinische Sprache begann bei mir mit einem kleinen Dorf in Gallien.

Mich interessierte als Kind einfach alles, vor allem Geschichte, Astronomie und Geografie. Zum Geburtstag bekam ich einen Globus oder zu Weihnachten ein Geschichtslexikon.

Meine Kindheit auf dem Land war herrlich, ich hatte alle Freiheiten, die man sich für ein Kind nur vorstellen kann. Meine Eltern haben mich immer unterstützt und auch sehr verwöhnt. Obwohl ich ein Einzelkind bin, war mir nie langweilig.

Ich trieb mich oft nach der Schule im Wald herum oder vergrub mich in einem Buch. Kinderbücher oder wie man so schön sagt »altersgerechte Bücher« habe ich nie gewollt; wenn, dann richtige Wälzer oder meine geliebten Comics – und wie immer alles am liebsten rückwärts!

Als Dreijähriger bekam ich dann in der Musikschule zuerst Flötenunterricht. Da meiner Mutter eine gute musikalische Ausbildung wichtig war, kamen dazu noch Glockenspiel und später Klavier. Außerdem schickte sie mich – für mich als Jungen damals das Peinlichste überhaupt – in die Ballettschule.

Im Kindergarten war ich nicht gerade das beliebteste Kind. Ich war eigentlich allen Gleichaltrigen körperlich überlegen und lebte diesen Vorteil in einer Art »Terrorherrschaft« voll aus. Diese Überlegenheit nutzte ich auch in der Grundschule weiterhin aus und der Respekt, den mir meine Mitschüler deswegen entgegenbrachten, war wohl eher auf Angst gegründet als auf echte Anerkennung.

In der Schule war Lesen für mich der absolute Horror; alles, was ich bisher mit Bravour rückwärts geschafft hatte, war auf einmal das Schlimmste überhaupt. Meine Klassenkameraden fanden das immer ziemlich witzig, ich konnte ja jedem Lehrer alles an den Kopf werfen, er verstand mich ohnedies nicht. Die Lehrer gaben sich wirklich sehr viel Mühe, begriffen aber auch nicht so recht, warum mir normales Lesen Probleme bereitete, während ich rückwärts die Texte fließend abspulen konnte. Nach einigen Wochen intensiver Bemühungen und des Einsatzes von sehr viel Nervenkraft bekam ich dann das Lesen auch in Normalrichtung gut hin.

Mein fast unstillbarer Bewegungsdrang wollte befriedigt sein, und so erhielt ich nach der Schule mehrmals wöchentlich Tennisstunden und ging zum Fechttraining. Mein Vater hat zudem regelmäßig mit mir Fahrradtouren unternommen. Alles so gesehen eine wundervolle Kindheit, wenn nur nicht diese nervige Schule und erst die blöden Lehrer gewesen wären, die wollten, dass ich vorwärtslese.

Im Februar 1980 setzte mich eine schwere gesundheitliche Krise für sechs Wochen außer Gefecht. Danach war die Schule für mich schlimmer als je zuvor, egal wie sehr sich meine Lehrer bemühten, sie konnten bei mir einfach keinerlei Interesse am Unterricht wecken, geschweige denn mich dazu animieren, mich als braver Junge in die Klasse zu integrieren. Ich sträubte mich gegen alles und jedes, ich wollte und konnte nicht angepasst sein. Niemand vermochte das zu verstehen, nicht einmal ich selbst, und das ließ ich in aller Heftigkeit meine ganze Klasse spüren. Folge der immer schwieriger werdenden Situation, in der sich auch keinerlei Kompromisse mehr finden ließen, war mein Wechsel in eine andere Schule, nach Welzheim, wo ich mein drittes Schuljahr absolvierte. Hier »schaffte« ich 1982 meinen zweiten Schulrauswurf. Kurz vor Schuljahresende hatte ich es einfach zu weit getrieben und in einem Wutanfall ein ganzes Klassenzimmer samt Möblierung zerstört. An den Auslöser hierfür kann ich mich gar nicht mehr erinnern, sicherlich war es mal wieder irgendeine Banalität, die mich so ausrasten ließ.

Nach den Sommerferien begann ich mein recht kurzes Intermezzo an der Realschule in Welzheim. Am Schuljahresende wurde ich nicht versetzt: Wegen »mangelnder Auffassungsgabe« in allen Fächern war ich durchgefallen. Heute weiß ich, dass ich damals extrem unter den Auswirkungen eines Aufmerksamkeitsdefizitsyndroms (ADS) litt, für mich war alles gleich wichtig, das Blatt, das sich im Wind bewegte, wie die Fliege über der Tür. Da war eine Unterrichtsstunde einfach nicht dazu angetan, meine Aufmerksamkeit zu fesseln.

Zu dieser Zeit kannte man den Begriff ADS noch nicht; ich konnte mir nicht erklären, wieso ich so anders war, und meine Lehrer wussten mir auch nicht zu helfen. Vielleicht waren die Probleme hier verankert, ich fühlte mich nicht verstanden und niemand begriff, warum. Das konnte kein Rektor dulden und ich wurde vom Unterricht suspendiert. Dass ich unter ADS litt, erfuhr ich erst vor wenigen Jahren, als ich mich mit Freunden unterhielt, die selbst von ADS betroffen sind. Sie konnten mich verstehen, denn sie hatten in unterschiedlicher Ausprägung alle dasselbe erlebt. Das ist heute sehr wahrscheinlich auch der Grund für unsere Freundschaft, denn wir verstehen uns einfach so, ohne einen Grund für den abwesenden Blick im Gespräch angeben zu müssen.

Die Schulleitung plädierte für einen Wechsel in eine Schule für lernschwache und behinderte Kinder, was meine Familie aber zum Glück nicht zuließ. Meine Mutter kämpfte mit den ihr möglichen Mitteln darum, dass ich in die Realschule Mutlangen aufgenommen wurde.

Dort fühlte ich mich richtig wohl; ich versagte zwar immer noch in den naturwissenschaftlichen Fächern Mathematik, Physik und Chemie, konnte aber mit einer Eins in Englisch und in Geografie ausgleichen. Englisch wurde mein bestes Fach, ich blieb im nächsten Jahr praktisch fehlerfrei, doch meine Mathenoten waren absolut unterirdisch. Es war mir einfach zu anstrengend, dauernd brav auf die Tafel zu achten oder in mein Heft zu schauen. In den anderen Fächern konnte ich auch, wenn ich nicht ganz so aufmerksam war, genug verstehen und aufnehmen. Dumm war ich ja nie, es war mir einfach viel zu langweilig, mich nur auf den Unterricht zu konzentrieren.

In diesem Sommer fanden die Olympischen Spiele in Los Angeles statt. Die vier Goldmedaillen von Carl Lewis haben mich dazu motiviert, wieder richtig Sport zu treiben. Ich trat in einen Fußballverein ein und intensivierte mein Tennistraining. Auch mit dem Fechten habe ich damals wieder begonnen, aber mittlerweile nicht mehr Florett, sondern Degen. Dank meiner vielen sportlichen Aktivitäten hatten sich meine Aggressionen in der Schule gelegt, es kam kaum noch zu Auseinandersetzungen mit den Mitschülern.

Am 29. Oktober 1986 schmuggelte ich mich dann zum ersten Mal in ein Fitnessstudio. Damals war ich 15 und Gerätetraining war erst ab 16 Jahren erlaubt. Warum kann ich mich noch so gut an das Datum erinnern?

Ganz einfach, dieser Tag hat mein Leben insofern verändert, als ich einen Sport gefunden hatte, bei dem meine mentale Stärke nicht nur enorm hilfreich war, sondern auch noch kultiviert werden konnte. Ich verbrachte jede freie Minute im Studio und begann meinen Körper zu formen. Selbst wenn es abgedroschen klingen mag, aber mein damaliges Vorbild war Arnold Schwarzenegger. Mit einem ordentlichen Trainingsplan und entsprechender Ernährung schaffte ich es auch wirklich Stück für Stück, meinem mir selbst gesetzten Ziel näher zu kommen.

Durch dieses sehr konzentrative Training lernte ich dann auch, dass man mit Ausdauer und entsprechendem Willen beinahe alles erreichen kann. Diese enorme Selbstdisziplin forderte ich von meinen Trainingspartnern ebenfalls, sodass der eine oder andere nur einmal mit mir trainierte. Diese zum Teil ans Selbstzerstörerische grenzende Disziplin zog sich ab nun durch mein ganzes Leben. Ich hatte eine Möglichkeit gefunden, mich auf eine Sache zu konzentrieren. In der Schule dauerte das allerdings noch einige Jahre, denn ich ließ mir noch immer nicht vorschreiben, was ich zu tun geschweige denn zu lernen hatte.

Meine Totalaversion gegen Mathematik war immer noch unverändert vorhanden. Bei meinem Realschulabschluss konnte ich die 4 in Mathematik und Physik glücklicherweise über meine guten Noten in den Sprachfächern sowie in Geschichte und Geografie ausgleichen.

Nach der Realschule besuchte ich dann in der Hoffnung, einmal mein Abitur zu schaffen, das Kaufmännische Berufskolleg in Aalen. Dieses Schuljahr bestand ich wieder einmal wegen Mathematik nicht. Ich versuchte mein Glück am BK in Schorndorf nochmals. Hier schaffte ich dann auch tatsächlich die Klasse.

Das zweite Jahr am Berufskolleg, mit dem ich mein Fachabitur erreicht hätte, entwickelte sich dann wiederum zu einer absoluten Misere, sodass ich, wie ich ja schon des Öfteren auch öffentlich zugegeben habe, nie das Abitur geschafft habe. Der Pflichtschulstoff war mir einfach zu dröge und ich konnte mich für nichts, was mir die Lehrer erzählten, so richtig begeistern.

Das war also meine Schulzeit, nicht besonders rühmlich, aber auch nicht langweilig, vor allem nicht für meine Lehrer. Nun kam die Zeit im Leben, in der man sich gewöhnlich für eine Tätigkeit entscheidet, die man bis zur Rente ausüben möchte. Viel Auswahl blieb mir aufgrund meiner miserablen Abschlüsse ja nicht. Handwerklich bin ich absolut minderbegabt, ich habe bis heute nicht ein einziges Mal einen Reifen gewechselt oder auch nur ein Regal an die Wand gedübelt. Im Herbst begann ich dann in Aalen eine Ausbildung zum Versicherungskaufmann.

Ich entdecke meine Fähigkeiten

Etwa zwei Wochen nach dem Ende meiner Schulzeit fiel mir beim Aufräumen ein kleines einbändiges Hauslexikon in die Hände. Ich blätterte es durch, bis ich zum Kapitel Mathematik kam. Eigentlich hätte ich es spätestens in diesem Moment mit Ekel wieder weglegen müssen, doch eine Art innerer Drang ließ mich fasziniert an einer Tabelle mit Quadratzahlen festhalten.

Spaßeshalber lernte ich alle von 1^2 an bis 99^2 auswendig. Meine Lehrer haben zu Schulzeiten vergeblich versucht, mir auch nur das kleine Einmaleins beizubringen. Aber das hier machte mir sogar richtig Spaß. Am nächsten Morgen ließ ich mich dann einfach nur so von meiner Mutter abfragen: Ich hatte mir fast alle Zahlen merken können! Ich, der absolute Versager in puncto Zahlen, hatte bei nur minimalem Aufwand fast alle Quadratzahlen bis 99^2 im Kopf behalten. Was war hier los, wieso konnte ich mir das auf einmal merken, wo ich es doch sonst selbst mit der größten Anstrengung nicht geschafft hatte?

Aus irgendeinem Grund hatte mich jetzt mein Ehrgeiz gepackt und ich stürzte mich als Nächstes auf die Tabellen auf der nächsten Doppelseite. Hier ging es um das Errechnen des Wochentages zu einem beliebigen Datum. Diese Aufgabe war schon etwas anspruchsvoller, im Buch war der Zeitraum zwischen 1800 und 2000 vorgegeben, ich wollte aber wie immer mehr und habe gleich so gelernt und umstrukturiert, dass ich bis ins Jahr 0 zurück und unendlich weit nach vorn rechnen konnte.

In diesen Sommerferien gab es für mich außer Bodybuilding nur noch Zahlen, auf einmal konnte ich rechnen, und es machte Spaß! Meine Eltern wunderten sich, wie ich plötzlich diesen Bezug zu Zahlen aufbauen konnte, die mir bis dahin immer fremd und unangenehm waren.

Kurz bevor ich meine Ausbildung begann, hörte ich im Radio ein Interview mit einem sich selbst als »Deutscher Meister im Kopfrechnen« bezeichnenden Herrn. Er führte in dieser Sendung natürlich auch sein Können vor. Von Minute zu Minute wurde ich blasser und eine seltsame Übelkeit kroch in mir hoch. Ich, der absolute Matheversager von früher, war nach vier Wochen Üben schon besser als dieser Mann. Ich war schneller, sicherer und konnte auch schon weitaus höher rechnen.

Während der nächsten Tage lief ich nur noch wie in Trance durch die Gegend, ich konnte kaum klar denken und kann mich auch an nichts mehr erinnern, was damals passierte, außer dass ich mir selbst schwor, mir die Chance, einmal in dem Bereich der Beste zu werden, in dem ich sonst immer der Schlechteste war, nicht entgehen zu lassen.

Leider musste ich jetzt aber auch mit meiner Ausbildung anfangen. Wäre es nach mir gegangen, hätte ich mich nur noch mit meinen mittlerweile geliebten Zahlen und mit Sport beschäftigt. Mit meinem Ausbilder Gerhard hatte ich aber absolutes Glück, er merkte schon sehr schnell, dass ich nicht für das Versicherungsgeschäft geschaffen war. Er unterstützt mich in meinem »Zahlenwahn« sehr und brachte mich auch auf die Idee, mich bei »Wetten, dass …?« zu bewerben.

Meine Bewerbung wurde abgelehnt mit der Begründung, so etwas könne man nicht publikumswirksam aufziehen und außerdem wäre es in der Erklärung für den Zuschauer zu kompliziert. Doch ich ließ nicht locker.

Mein Start als Rechengenie

Im August 1993 kam dann der Anruf. Der Unterhaltungschef des ZDF, Fred Kogel, meldete sich bei mir und vereinbarte gleich einen Termin, bei dem er mich eine Woche später testen wollte. Bis dahin war nicht viel mit mir anzufangen, da ein Funke an Versagensangst doch wieder aufkeimte. Mathe konnte ich doch eigentlich noch nie!

Mein Trainingspensum war in dieser Woche gleich null, ich vermochte kaum klar zu denken. Meine ganze Familie, die Kollegen und alle um mich herum mussten wohl oder übel mit mir mitleiden.

Fred Kogel kam schließlich zu mir nach Welzheim und wir unterhielten uns über alle Einzelheiten meiner Potenziererei – damals bis hoch 12 und die Wurzeln und Kubikwurzeln; jetzt, nach über 13 Jahren, wähle ich solche Aufgaben zum Warmmachen, damals aber war es noch eine echte Quälerei. Eine endgültige Zusage seitens des ZDF kam schon wenige Tage später.

Ab jetzt bestand mein Leben nur noch aus Training. Wenn ich nicht arbeiten musste, war ich oft vom frühen Morgen bis zum späten Abend unterwegs – ich ging teilweise zwischen 12 und 16 Stunden am Tag spazieren und lernte Zahlenkolonnen. Das Spazierengehen habe ich beibehalten: Immer wenn ich etwas neu oder sehr gut lernen muss, gehe ich spazieren. Sobald ich meinen Körper mit einsetzen kann, lerne ich leichter und besser, darum auch die ständigen Handbewegungen, wenn ich rechne.

Mein Ausbilder Gerhard unterstützte mich in dieser Zeit sehr, er kümmerte sich darum, dass ich ein Computerprogramm bekam, mit dem man meine Ergebnisse in der Show dann wirklich würde nachvollziehen können. Auch für den sportlichen Ausgleich sorgte er, wir gingen regelmäßig zum Tennis. Selbst während meines Trainings im Fitnessstudio lernte ich weiter, während jeder Bewegung ging ich im Kopf Rechenoperationen durch oder wiederholte Basiszahlen, die ich zum Rechnen brauchte.

Bei der Arbeit war ich in dieser Zeit zu nichts zu gebrauchen, sodass, wenn keine Kundenbesuche anstanden, ich die meiste Zeit im Café saß und trainierte; gelegentlich spielte ich auch zur Ablenkung mit Gerhard Backgammon.

Zwischendurch musste ich in der Geschäftsstelle in Aalen arbeiten, wo man nicht so viel Rücksicht auf meine Begabung nahm.

An einem Freitagnachmittag auf dem Heimweg begegnete ich auf dem Bahnhof einem Team von »Wetten dass …?« – sie waren nicht meinetwegen da, sondern bereiteten alles für die Sendung am nächsten Tag vor. Die Außenwette, die Wolfgang Lippert für »Wetten dass …?« moderierte, sollte genau hier stattfinden.

Als ich die Fernsehleute sah, wurde mir schlecht und der

Gedanke kroch mir eiskalt in den Kopf: Beim nächsten Mal bist du selber dran! Man kann sich bestimmt sehr gut vorstellen, dass ich trotz aller Vorfreude eine alles andere als entspannte Fahrt in mein Wochenende hatte.

Dieses mulmige Gefühl beschleicht mich immer wieder. Ich freue mich zwar schon beim Erhalt des Termins, aber irgendwann wird mir bewusst, jetzt ist es wirklich so weit, es war nicht nur ein großer Wunsch, jetzt musst du ran. Und dann ist dieses Gefühl in Kopf und Magen wieder da, das ich wohl nie loswerde; und im Grunde bin ich froh darüber, zeigt es mir doch, dass ich kein abgestumpftes Wesen bin, wie es den Savants oft nachgesagt wird. Egal wie viele Wettkämpfe ich bestreite oder Auftritte ich absolviere, diese Mischung aus Vorfreude und Nervosität wird mir hoffentlich ein Leben lang erhalten bleiben.

Am Donnerstag vor »Wetten dass …?« bin ich dann zusammen mit einem Bekannten und dem Programmierer meines damaligen Rechenprogramms nach Linz gefahren. Während der Fahrt versuchte ich an alles Mögliche zu denken, nur nicht an meine bevorstehende Wette. Wir waren alle sehr nervös, hatten den ganzen Ablauf zwar schon unzählige Male besprochen, nur so etwas kann man einfach nicht planen, schon gar nicht bis ins Detail. Man weiß zwar, was man anziehen möchte, aber Pannen in letzter Minute lassen sich nicht vorhersehen. Darum hatte ich, auch wenn ich äußerlich ruhig war, ganz schön Bammel.

Bei der ersten Probe erfuhr ich, wer mein Wettpate sein sollte: Heinz Rühmann war natürlich mehr, als ich mir erhofft hatte – dieser nette alte Herr, eine Legende des deutschen Films und damals schon über 90 Jahre jung. Bei Herrn Rühmann sage ich bewusst jung, denn trotz seines hohen Alters war er ein herzlicher, in sich jung gebliebener Mensch, der leider kurze Zeit nach diesem Auftritt starb.

Am Freitag probten wir erstmals mit Thomas Gottschalk,

einer absoluten Persönlichkeit. Genauso menschlich und locker hinter wie vor den Kameras. Am Samstagmittag begann dann die heiße Phase: Die Generalprobe war um einiges anstrengender und weit weniger locker als die anderen Proben. Am späten Nachmittag musste ich in die Garderobe und in die Maske. Zum ersten Mal in meinem Leben kam meine Haut mit Make-up und Puder in Berührung, doch in den nächsten Monaten sollte ich mich schnell daran gewöhnen.

Nachdem die Eurovisionshymne verklungen war, ging alles ganz schnell: Thomas Gottschalk begrüßte das Publikum und die Fernsehzuschauer, Herr Rühmann wurde auf die Bühne gebeten und in meinem Kopf war nur noch der Gedanke: Ich will diese Show mit 42 Prozent Tedquote gewinnen. Warum gerade mit 42 Prozent, ich weiß es nicht, diese Zahl war auf einmal in meinem Kopf. Der Moderator erklärte meine Wette und ich wartete direkt am Eingang zur Bühne. Nun wusste ich auch, warum dieser junge kräftige Mitarbeiter hinter mir stand; hätte ich plötzlich beschlossen, umzudrehen und zu gehen, hätte er mir wahrscheinlich mit sanftem Druck klargemacht, dass es kein Zurück mehr gibt.

Als Heinz Rühmann dann auch noch der Meinung war, ich würde meine Wette gewinnen, fiel jeglicher Zweifel von mir ab. Der Gedanke »42 Prozent« beherrschte meinen Kopf.

Die ersten einfacheren Aufgaben stellten mir Schüler einer Linzer Schule. Besonders in Erinnerung wird mir aber die letzte Aufgabe bleiben, sie war der wahre Beginn meines Erfolgs: 87 hoch 12?

188 Trilliarden, 031 Trillionen, 682 Billiarden, 201 Billionen, 497 Milliarden, 672 Millionen, 618 Tausend und 081.

Daraus errechnete ich dann noch die Wurzel und die Kubikwurzel, Letztere musste ich schließlich auch noch rückwärts ansagen: 16798275.

Können Sie sich vorstellen, wie befreiend so ein Jingle sein kann, dieses hüpfende Fragezeichen, der Applaus? Eine größere Spannung ist, glaube ich, noch nie von mir abgefallen als in diesem Moment. Doch der einzige Gedanke, der immer noch zählte, war 42 Prozent; an dieser Zahl hatte ich mich festgebissen.

Als ich mich hinter der Bühne wieder mit meinen Bekannten traf, die die EDV bedient hatten, waren wir alle drei glücklich, aber erschöpft. Alle gratulierten mir, so richtig konnte ich es noch gar nicht fassen, aber für den Rest der Sendung konnte ich mich entspannen, um dann am Ende nochmals den reinsten Nervenkrieg zu erleben.

Hinter der Bühne habe ich mich mit den verschiedensten Leuten unterhalten und wusste, wenn du jetzt diese verdammten 42 Prozent knackst, dann kommt so einiges auf dich zu.

Nach gut 90 Minuten wurden alle Kandidaten wegen der Tedauswertung für den Wettkönig nochmals auf die Bühne gerufen.

Die Balken liefen, einer viel weiter als alle anderen, das mussten mehr als nur knapp 50 Prozent sein. Die Anspannung war körperlich spürbar, um nicht zu sagen schon schmerzhaft.

Dann die Auflösung: Ein Ruck ging durch mich hindurch und das Grinsen in meinem Gesicht war durch nichts zu bremsen, ich war Wettkönig, aber nicht mit 42 Prozent wie erhofft, nein, ich hatte eine Quote von sage und schreibe 84 Prozent! Glück, Freude, Erwartung, alles erfüllte mich die in diesem Moment!

Das Einzige, was ich mir jetzt wünschte, war ein Telefon. Natürlich hatte meine Familie die ganze Sendung am Fernseher verfolgt – ich wollte jetzt nur ihre Stimmen hören, bevor ich zur Aftershowparty ging. Es hatte nicht einmal richtig geklingelt, schon war mein Vater am Apparat, meine Oma, mein Großvater und vor allem meine Mutter waren mit mir überglücklich. All die Stunden, die Tage, die Wochen und Monate hatten sich gelohnt, ich konnte der Welt zeigen, dass ich, der ich früher der absolute Versager in Mathe war, zu einer solchen Leistung fähig bin. Alle waren sehr stolz auf mich und auch ihre Anspannung ließ nun endlich nach. Während der anschließenden Party konnte ich meinen Sieg dann erst so richtig realisieren und begann mich beim Gedanken daran sehr wohl zu fühlen und mich zu entspannen. Eine mittlerweile ganz ungewohnte Gefühlslage, wenn ich bedenke, dass mir die letzten Tage über nur noch übel gewesen war und ich kaum schlafen oder anders zur Ruhe kommen konnte.

Der Sonntagmorgen war schon etwas anderes. Ich konnte vom Frühstücksraum aus die Traube von Leuten vor dem Hotel sehen, wobei ich anfangs noch dachte, sie seien wegen der Scorpions oder wegen eines anderen Promis da. Bis zu dem Moment, als mein Programmierer wieder am Tisch war und mir sagte, sie wollten alle mich.

Wie geht man als schüchterner junger Mann aus einem kleinen schwäbischen Dorf mit so etwas um? Ich stellte mich einer Meute von Journalisten und, ich traue es mich fast nicht zu schreiben, »Fans«.

Als ich nach dem Frühstück zu Hause anrief, sagte mir meine Mutter, dass das Telefon keine Minute mehr stillstehe. In diesem Moment war ich berühmt, wenn man das so sagen kann. Egal, wo ich die nächsten Tage auftauchte, überall sprachen mich wildfremde Menschen an und baten um Autogramme und Fotos.

Daheim angekommen zog ich als Erstes den Telefonstecker aus der Dose, ich wollte nur noch meine Ruhe im Kreise meiner Familie.

Am Montag fuhr ich dann nichts ahnend mit dem Zug zur Arbeit nach Aalen, aber was an diesem Tag los war, hatte nichts mit der Arbeit eines Versicherungskaufmanns zu tun. Auch bei meinen Eltern ging es wieder los, kaum hatten sie das Telefon eingestöpselt. Die Einladung zu meiner ersten Talkshow war da.

Bis ich am frühen Abend zu Hause war, hatte meine Großmutter den Koffer schon wieder gepackt, ich machte mich erneut auf die Reise nach München. Thomas Gottschalk wollte mich gleich am Dienstag in seiner Late Night Show auf RTL.

Die Euphorie um mich war ungebrochen; als ich im Studio ankam, warteten schon eine Menge Fotografen und Reporter auf mich. In dieser Sendung bewies ich erneut mein Können und begeisterte die Zuschauer aufs Neue. Auch wenn es bei meinen ersten Fernsehauftritten nicht so rüberkam, aber ich war wirklich schüchtern, nur vor der Kamera agierte ich so selbstbewusst, wie ich privat erst nach Jahren wurde.

Noch in derselben Nacht fuhr ich mit der Bahn nach Stuttgart, wo ich am Mittwochmorgen gleich zur ersten Stunde Berufsschule hatte.

Auf dieser Fahrt fasste ich den Entschluss, künftig nicht in einem kleinen Büro Versicherungsverträge zu bearbeiten und Kundenanrufe entgegenzunehmen. Wozu hatte ich mich monatelange gequält, warum tat ich mir das Ganze an? Doch nicht, um all das, was ich in den letzten Tagen erlebt hatte, wieder aufzugeben. Nein, ich wollte mehr, selbst wenn das hieß, immer weiter zu lernen, manchmal auch über ein vernünftiges Maß hinaus. Wie ich es aus dem Sport gewohnt war, erstellte ich mir zunächst einen Trainingsplan und eine Übersicht, was ich genau machen möchte. Von Lerntechniken hatte ich damals noch keinerlei Ahnung, aber ich sorgte instinktiv für genug Abwechslung. Auch auf ausreichend Pausen und auf die entsprechende Ernährung habe ich sehr geachtet, ich habe all das berücksichtigt, was ich noch aus meiner Zeit als Wettkampffechter über richtiges Training wusste. Im Sportstudio habe ich genauso Zahlenkolonnen in meinem Kopf hin und her geschoben wie unter der Dusche. Je mehr Sinne ich einsetzte und gleichzeitig zum Lernen benutzte, umso besser ging es damit. Leider hatte ich noch nicht das Wissen und die Möglichkeiten wie heute, denn dann wäre diese Zeit weitaus stressfreier gewesen. Das Einzige, was ich damals schon gemacht habe, waren einzelne Übungen zur Hirnhälftensynchronisation und Balanceübungen, die ich noch ausführlicher beschreiben werde.

Meine Zeit in der Schule saß ich an diesem Tag nur ab, ich wollte nach Hause, etwas schlafen, etwas Sport machen und dann gleich weiterlernen.

In den folgenden Wochen habe ich wahrscheinlich häufiger in Hotelbetten und im Zug geschlafen als in meinem Bett. Neben sehr vielen Zeitungsinterviews, Fernsehauftritten und Radiosendungen kamen mittlerweile die ersten Buchungen von Firmen und von Privatpersonen für Auftritte.

Eine Freundin hatte ich nicht; erstens war ich Frauen gegenüber immer noch sehr schüchtern und zweitens hatte ich keine Zeit. Liebesbriefe bekam ich zwar seit meinen öffentlichen Auftritten fast täglich, aber für eine Frau war im Moment einfach kein Platz. Es war schon schwierig genug, ausreichend Zeit für mich selbst und meine Familie aufzubringen. Ich war ständig unterwegs, führte ein Leben aus dem Koffer: Das machte mir einerseits sehr viel Spaß, ich fühlte mich im Mittelpunkt, andererseits aber war es sehr anstrengend und ich musste immer öfter an die Grenzen meiner Belastbarkeit gehen. Meine Reisen wurden immer weiter, es ging bis nach Frankreich und nach Wales.

Erst im Sommer 1995 wurde mein Terminplan wieder etwas freier, als ich mich von meinem Bekannten trennte, der bisher für mich die Termine organisiert hatte. Das war ja einerseits sehr schön, aber ich bestand nur noch aus Termindruck und kam mir vor wie ein Zirkuspferd. So konnte es nicht weitergehen, sonst hätte ich den psychischen Druck nicht mehr bewältigen können. Das ständige Reisen und dann noch meine Verpflichtungen in der Ausbildung, meine Familie kannte mich schon kaum mehr. Bereits bei meiner Musterung im März wurde ich wegen psychischer Überlastung für wehr- und zivildienstuntauglich erklärt. Ich war nervlich am Ende, ich lebte nicht mehr, ich existierte nur. Dazu starb in dieser Zeit mein Großvater. Im Sommer war ich am Ende und beschloss kürzer zu treten.

Meine Abschlussprüfung zum Versicherungskaufmann bestand ich nicht: wegen Mathe! Schon komisch, ich reiste seit 15 Monaten durch Europa und wurde als das mathematische Gehirn gefeiert, mein Spitzname ist Lebender Taschenrechner, aber ich schaffte eine dämliche Mathematikprüfung nicht. In dem Moment war ich wohl wieder der Junge, der in der Schule sitzt und absolut keine Lust hat, das zu tun, was man von ihm verlangt, und schon gar nicht, diese blöde Prüfung zu schreiben. Mein Unterbewusstsein hatte einfach keinerlei Ambitionen, auch nur einen Funken Ehrgeiz für Schulmathematik aufzubringen. Egal, es war wahrscheinlich in diesem Moment das Beste, denn sonst wäre ich vielleicht wirklich in ein normales Leben zurückgekehrt.

In den folgenden Monaten wollte ich leben: Familie, mein Bodybuilding, eine Freundin, für die ich auch Zeit hätte und die sich nicht nur mit Telefonaten mit mir begnügen müsste, und mein Rechentraining. Ich hatte in dieser Zeit mehrere Freundinnen, aber keine hat es lange mit mir ausgehalten, auch wenn ich kaum unterwegs war, aber sowohl Körper als auch Geist wollten ihr tägliches Training, sodass die Frauen zurückstecken mussten.

Viele meiner Variationsmöglichkeiten im Rechnen habe ich in dieser Zeit entwickelt. Durch Herumprobieren habe ich erst gemerkt, wie ich mit meinen verschiedenen Rechenfähigkeiten jonglieren kann, es gab ja nicht nur Potenzen oder Wochentage. Auch die Welt der Winkelfunktionen und der Logarithmen habe ich mir erschlossen und begonnen, die einzelnen Rechenbereiche zu verbinden, damit mir nicht selbst zu langweilig wurde. Ich wusste zwar nie, wofür man Winkelfunktionen gebrauchen könnte, aber ich konnte sie doch einfach auch nur so im Kopf rechnen. Mit Dimitri, einem Freund, war ich unterwegs. Wir besuchten gemeinsam verschiedene Seminare zu den unterschiedlichsten Themen, angefangen bei Lerntraining über Motivationstraining bis hin zu den obskursten Mentaltrainings. Was ich aber immer wieder feststellen musste, war, dass keine dieser Techniken mir eine befriedigende Lösung zu bieten hatte. Mein größtes Problem war ja die Zeit: Wenn ich jetzt auch noch täglich Stunden dafür aufbringen sollte, meine Übungen zu machen, war mir damit ja auch wieder nicht geholfen. Ich war auf der Suche nach einer Möglichkeit, das geschäftige Leben, wie es im letzten Jahr war, so zu meistern, dass ich nicht wieder beinahe daran zugrunde gehen würde.

Nun achtete ich sehr darauf, mich nicht zu überfordern und nur noch Auftritte zu absolvieren, die mich reizten. Überdies wollten die Wissenschaftler, die ersten Forschungsgruppen wissen, wie mein Gehirn funktioniert. Bei einer solchen Untersuchung wurde dann zum ersten Mal mein IQ auf einen Wert von über 200 geschätzt. Für diesen Bereich gibt es vor allem im Mathematischen bis heute keine Tests, die präzise Ergebnisse brächten.

Diese Untersuchung war eine auch für mich sehr interessante Möglichkeit, in die Welt der Forschung Einblick zu bekommen und interessante Leute kennenzulernen, die mir ermöglichten meinen Wissensdurst zu befriedigen. Auch mein Faible für Physik, genauer Quantenphysik, wurde nun geweckt. Ich wundere mich immer noch, dass sich meine Interessen so verändern konnten. Als Schüler hatte ich eine Art »Allergie« gegen Mathe und Physik und auf einmal ist Mathematik mein Beruf und Physik mein Hobby geworden und ich fühle mich damit mehr als wohl. Das liegt bestimmt daran, dass ich mich nun einerseits freiwillig und ohne den Zwang der Schule damit befasse und andererseits tief genug in die Materie eintauchen kann, ohne durch die Grenzen der Schulbücher eingeschränkt zu werden.

Die nun folgenden Jahre waren eher entspannt und ich hatte genug Muße, um alles zu lernen und auszuprobieren, worauf ich Lust hatte. Manchmal hätte ich zwar wieder einige Auftritte mehr begrüßt, aber diese ruhigere Phase tat mir letztlich gut.

Im Dezember 2000 traf mich ein schwerer Schlag: Meine Mutter starb. In gewisser Hinsicht war das abzusehen gewesen, denn sie war schon seit Jahren wegen ihrer MS-Erkrankung bettlägerig, aber der Schock saß dennoch tief.

Nach ihrem Tod stürzte ich mich richtig in die Arbeit, ich war viel im Ausland unterwegs und begann meine eigenen Seminare zu entwickeln. Das war ein komisches Gefühl, denn sonst war ich immer derjenige, der als Teilnehmer im Seminar saß, und jetzt arbeitete ich an meinem eigenen Projekt. Dabei unterstützten mich viele meiner früheren Seminarleiter und Referenten.

Doch mit meinen Fähigkeiten stieß ich nicht immer nur auf mir wohlgesinnte Menschen. Einmal hielt sogar die Gemeinde einer Religionsgemeinschaft spezielle Gottesdienste ab, bei denen gegen mich gebetet wurde. Sie meinten, wegen meiner Zahlenkünste müsse ich mit dem Teufel im Bunde sein. Irgendwie muss ich bei diesen Leuten die Angst vor der Apokalypse ausgelöst haben. Sie konnten einfach nicht verstehen, was ich da tat und wie das mit dem menschlichen Verstand möglich war. Als ich von dieser Geschichte erfuhr, war ich perplex. Es war mir einfach unbegreiflich, wie man in mir eine Bedrohung sehen konnte, sogar so schlimm, dass man zu ihrer Bekämpfung zu religiösen Mitteln griff.

So mancher hätte sich von diesen Anfeindungen einschüchtern lassen und sich zurückgezogen, aber wenn mein damaliges Können schon solche Angst bei einigen Menschen verursachte, wie würden sie erst reagieren, wenn sich meine Leistungen noch steigerten. Genau hier wurde mein Ehrgeiz, der eigentlich damals nicht sehr stark war, angestachelt und ich stürzte mich wieder mit voller Energie in die Arbeit. Dieses Erlebnis hat in mir wahrscheinlich den kleinen trotzigen Jungen wiedererweckt, der unbedingt genau das tun will, wovon man ihn abzuhalten versucht. Ich war also wieder der Besessene und voll da, bereit, mich selbst und die Leute mit noch mehr Können zu überraschen.

Im Oktober 2003 flog ich dann zu einem Vergleich der Fähigkeiten mit dem asiatischen Rechen-Großmeister nach Tokio. Im Rahmen einer Live-Fernsehsendung sollte ein Wettkampf in je fünf Spezialdisziplinen des Japaners und von mir stattfinden. Bei diesem Vergleich kam ich ganz schön ins Schwitzen. Wir begannen mit den Aufgaben meines Gegners, bei denen er mich um Längen schlug. Immerhin aber konnte ich die eine oder andere seiner Aufgaben richtig lösen, wenn auch viel langsamer. Doch diese wenigen Punkte waren am Ende das Zünglein an der Waage. Der junge Asiate hatte schon das Lächeln des Triumphes auf seinem Gesicht, und ich bin ehrlich gesagt froh, dass ich kein Wort von dem verstand, was der Moderator und seine Gäste über uns redeten. Der Gestik und Mimik nach war viel Schadenfreude im Spiel wegen meines verzweifelten Leidens. Aber dann war ich dran; keine Grundrechenarten mehr, jetzt ging es ans Eingemachte: Wurzeln, Winkelfunktionen, Potenzen, teilen durch Primzahlen und bunt Gemischtes aus diesen vieren. Nun wendete sich das Blatt voll zu meinen Gunsten.

Zwischendurch konnte der junge Mann kaum begreifen, was für Aufgaben auf der Tafel vor ihm standen. Jetzt konnte ich mein Können demonstrieren, bis zu diesem Zeitpunkt war kein asiatischer Großmeister von einem Nichtasiaten besiegt worden. Einmal ist immer das erste Mal. Dadurch, dass ich in all meinen Disziplinen gewann und auch Punkte in den anderen erzielen konnte, führte ich am Ende knapp. Nach diesem Sieg war ich voll Euphorie, es war mein bisher größter Erfolg. Die Japaner waren so überwältigt von meinen Fähigkeiten, dass noch eine große Untersuchungsreihe um mein Gehirn gestartet wurde. Die Japaner hofften wohl, eine Art Chip zu entdecken, der meine Überlegenheit begründen konnte, aber bis auf eine enorm hohe Aktivität im ganzen Gehirn konnten auch sie nichts von der Norm Abweichendes feststellen. Mein Gehirn hat mit den Jahren der Übung und des Trainings gelernt, brachliegende Regionen mit zu nutzen und zu aktivieren.

Nach meiner Rückkehr nach Deutschland begann ich meine Seminare mit Unterstützung meines Freundes Gerardo zu vermarkten. Das Besondere an unserem Konzept war, dass ich aufgrund all meiner selbst gemachten Erfahrungen die gängigen Techniken des Mentaltrainings so weit modifiziert hatte, dass sie auch im stressigen Alltag ihren Platz finden konnten. Dass diese Varianten nicht nur bei mir funktionierten, sondern auch bei anderen Menschen, stellte ich schon Monate zuvor fest, als sich immer mehr Freunde bei mir für die tollen Lern- oder Visualisierungsübungen bedankten. Nach wochenlanger Arbeit hatten wir dann so weit eine Struktur in das Ganze gebracht, dass wir es Interessierten vermitteln konnten.

Nach und nach stellten wir fest, dass nicht nur das Lernen erleichtert wurde, sondern die gestressten Geschäftsleute aus dem Kurs einige Zeit später begeistert von der entspannenden Wirkung berichteten. Und die inhaltliche Entwicklung ging weiter, denn man entdeckte immer mehr Möglichkeiten und begann zu verbessern und zu modifizieren.

Im Februar 2004 kam ich mit meiner jetzigen Freundin Alexandra zusammen, die mir nach und nach neben Gerardo und meiner damaligen Managerin Marliese immer mehr auch geschäftlich zur Seite stand.

Nun begannen wir mit vereinten Kräften meine Karriere wieder ein Stück weiter voranzutreiben. Wir bauten neue Medienkontakte auf, ich absolvierte wieder mehr Auftritte bei Benefizveranstaltungen. Kurz und gut, ich begab mich erneut stärker in die Öffentlichkeit. Meine Seminare wurden ausgeweitet und ich begann weitere Varianten im Rechnen zu trainieren.

An der ersten Weltmeisterschaft im Kopfrechnen am 30. Oktober 2004 nahm ich erst auf Drängen meiner Freundin teil. Ich machte eigentlich nur aus Vergnügen mit, ohne mich vorher überhaupt vorzubereiten, trotzdem errang ich den Titel des Vizeweltmeisters im Kalenderrechnen und wurde Dritter im Multiplizieren.

Den Sommer 2005 über drehten wir für meine bis dahin größte Dokumentation, nach deren Ausstrahlung im Februar 2006 die Hirnforschung wieder in aller Munde war. Jeder interessierte sich auf einmal für das Gehirn und die Vorgänge darin. In sämtlichen Zeitschriften und Fernsehsendern wurde das Thema mal mehr, mal weniger gut behandelt, sodass eigentlich niemand daran vorbeikommen konnte. Das Interesse war geweckt, zumal viele Menschen erfuhren, dass das Gehirn nicht – wie immer behauptet wurde – nach der Pubertät aufhört, sich weiterzuentwickeln, sondern ein Leben lang gefordert und unabhängig vom Alter noch trainiert und verbessert werden kann. Jeder wollte mitreden und war nun auch bereit, etwas für sich selbst zu tun.

Von den verschiedenen Forschern wurde ich nun auch zum ersten Mal als Savant bezeichnet. Aus eigenem Interesse beschäftigte ich mich mit dieser Thematik. Leider hängen sehr viele Vorurteile an diesem Begriff, mit denen ich immer wieder zu kämpfen habe:

Nein, ich bin kein Autist, ich habe keine Behinderung, ich besitze einen Führerschein und darf Auto fahren, ich kann mir die Schuhbänder selbst binden. Auch mein Beziehungsleben ist komplett normal, ich habe eine eigene Wohnung, in der ich mit meiner Freundin und mittlerweile fünf Katzen lebe, ich kann telefonieren und weiß auch mit meiner Kreditkarte umzugehen. Ein Treffen mit Freunden sieht auch nicht anders aus als bei jedem anderen. Nur eine gelegentliche »Allergie« im Bereich der Hausarbeit macht sich bemerkbar, aber die soll bei Männern im Allgemeinen ja recht verbreitet sein.

Ab jetzt war ich wieder regelmäßiger Gast in verschiedenen Talksendungen und anderen Produktionen. Und immer wieder die Frage, »Wie machen Sie das, und führen Sie überhaupt ein normales Leben?« Hier zeige ich immer wieder auch kleinere Übungen, die jeder in seinen Alltag integrieren kann, um sein eigenes Gehirn zu trainieren.

Erste Erkenntnisse zum Thema Lerntraining

Ende 2005 traf ich zufällig meinen alten Rektor aus Grundschulzeiten wieder. Wir unterhielten uns über die Möglichkeiten eines speziellen Lerntrainings bei Schülern. Herr Meier engagierte mich und Alexandra als Lehrbeauftragte für die Schule. Heute unterrichten wir an der Schule, von der ich Ende der vierten Klasse geworfen wurde.

Schon nach wenigen Wochen mussten wir uns selbst wundern, wie gut meine Techniken, die ich in meinen Seminaren normalerweise Managern und Geschäftsleuten vermittle, bei den Jugendlichen funktionieren. Auch sie wollen schneller und effektiver und mit geringerem Aufwand lernen können. Auch ihre Gehirne funktionieren besser, wenn beide Hälften synchron arbeiten. Auch sie brauchen Ziele, um zu wissen. wofür sie sich anstrengen sollen. Vor allem macht es auch Lernmuffeln Spaß. Die Schüler legen sich richtig ins Zeug um zu beweisen, dass auch sie mehr leisten als gedacht, und können Erfolge in sonst schwachen Fächern feiern.

Seitdem beschäftigen wir uns immer mehr auch mit den biochemischen Vorgängen in Körper und Gehirn. Hierüber werden Sie noch sehr viele Informationen in diesem Buch finden, denn mit einfachen Mitteln, die jedem von uns zur Verfügung stehen, können wir die Möglichkeiten unseres Gehirns unterstützen. Auch ich selbst halte mich an diese einfachen Regeln; zwar wäre ich auch ohne sie meiner Fähigkeiten nicht beraubt, aber warum sollte ich mich unnötig quälen, wenn ich wesentlich effektivere Werkzeuge nutzen kann und so die Chance habe, mich noch weiter zu steigern?

Durch unsere gute Zusammenarbeit mit Forschern aus den verschiedensten Gebieten können wir Ihnen Werkzeuge an die Hand geben, mit denen Sie ohne Ihren Alltagsablauf zu stören Ihre Potenziale ausweiten und erhalten können.

Nun will ich Sie aber nicht weiter davon abhalten, etwas für sich selbst und Ihre Familie zu tun. Denn meine Techniken funktionieren bei allen Altersklassen, vom Grundschüler bis hin zum Senior, der seine geistige Leistungsfähigkeit erhalten will. Unser Gehirn ist nämlich wie ein Muskel; wenn wir es immer wieder aufs Neue fordern und auch noch durch Nahrung unterstützen, wird es uns bis ins hohe Alter gute Dienste leisten.

Es ist selten zu spät, aber nie zu früh.

Wie arbeitet das Gehirn?

Unser Gehirn ist ein unglaublich komplexes und kompliziertes Gebilde. Hier ein paar interessante Eckdaten, die das verdeutlichen sollen:

- Das durchschnittliche Gehirn eines Erwachsenen hat über 200 Milliarden Nervenzellen.
- Sie sind durch über 100 Billionen Vernetzungspunkte miteinander verbunden.
- Die Länge der Nervenbahnen liegt bei ungefähr 5,8 Millionen Kilometern, 5 800 000 000 000 Metern. Das ist mehr als die fünfzehnfache Entfernung Erde–Mond.
- Mit einem Gewicht von gerade mal 1,3 bis 1,6 kg macht es nur zwei Prozent des Gesamtkörpergewichts aus.
- Es benötigt aber ca. 20 Prozent der gesamten Energie.
- Wenn Sie Ihre Fäuste ballen und aneinanderhalten, haben Sie eine ungefähre Vorstellung von der Größe Ihres wichtigsten Organs.

Das Gehirn von Frauen ist etwas kleiner als das von Männern, was aber keinesfalls bedeutet, dass Frauen weniger intelligent wären. Nein, ganz im Gegenteil, denn bei Frauen sind die einzelnen Regionen dichter angeordnet, sodass die Informationswege minimal kürzer sind. Auch ist ihr Gehirn hinsichtlich der Synchronizität der Hemisphären meist besser trainiert als das von Männern. Frauen sind vor allem rechtslastig orientiert, müssen aber im Alltag viel Linksgesteuertes bewerkstelligen, wodurch ein weibliches Gehirn in der Zusammenarbeit von rechts und links meist sehr viel besser ist als ein männliches.

In diesem genialen Organ werden sämtliche Körpervorgänge gesteuert, es werden Hormone produziert, Atmung und Blutdruck beeinflusst. Hier sitzen all Ihre Gefühle und Erlebnisse, Erinnerungen und Empfindungen. Ihr Gehirn ist das wohl Faszinierendste, was die Evolution geschaffen hat. Darum gehen Sie bitte pfleglich mit diesem Gebilde um, das Ihr Leben dominant beeinflusst, ob Sie wollen oder nicht.

Wie das Gehirn funktioniert, wissen wir nur in Ansätzen, und es wird wohl auch noch sehr lange der größte Wunsch der Forscher sein, die wahren Möglichkeiten und Kapazitäten dieses unglaublichen Organs zu ergründen.

Wie speichert das Gehirn Informationen ab?

Alles, was wir je erlebt, gesehen oder gehört haben, speichert das Gehirn ab, und zwar zuerst einmal im Kurzzeitspeicher, dem Kurzzeitgedächtnis, das wie eine Art Tonband in Dauerschleife immer wieder überspielt wird. Sie müssen sich das wie eine Schultafel vorstellen, die abgewischt wird, sobald sie vollgeschrieben ist, damit Platz für neue Informationen geschaffen wird, also alles andere als beständig. Auf Dauer benötigte Fakten müssen ins Langzeitgedächtnis transportiert werden, da sie mit der entsprechenden Vernetzung hier immer wieder aufgefunden werden können. Nur die stetige regelmäßige Wiederholung schafft auf lange Sicht gesehen diese Vernetzungen, damit man sich jederzeit wieder an die jeweilige Information erinnern kann.

Damit das Gehirn der Informationsflut, die täglich auf es

einströmt, Herr werden kann, arbeitet es mit einem genialen Filtersystem, dem sogenannten Corpus callosum. Diese neuroanatomische Struktur ist der Verbindungsbalken zwischen den Hirnhälften und sortiert die ankommenden Informationen. Hier wird entschieden, was als emotional und kreativ nach rechts muss und was als logisch und rational nach links gehört. Vor allem, was wie wichtig ist und darum extra gut verlinkt wird, damit man es eben möglichst schnell wieder verfügbar hat. Dieser Balken verbindet die zwei Gehirnhälften zu einem Ganzen, das eine unschlagbare Speicherfähigkeit entwickelt, wenn es mit beiden Hälften gleichzeitig arbeitet, wodurch die Möglichkeiten des Gehirns enorm gesteigert werden. Denn wenn Logik und Emotion zusammenarbeiten, hat unser Gehirn die Möglichkeit, auch sehr trockene Thematiken kreativ und mit allen Sinnen zu verarbeiten.

Diese Verbindung ist äußerst wichtig für uns, denn nur durch sie können wir unser Leben auf normale Weise meistern.

Während Wichtiges strukturiert zugeordnet und gespeichert wird, landen allerdings für uns weniger wesentliche Informationen ungeordnet zwischen ähnlichen und vermeintlich Unwichtiges oder Uninteressantes verschwindet irgendwo in den Tiefen unseres Gehirns, ohne dass ein Bezug zu gleichwertigen Informationen hergestellt würde. Daraus erklärt sich auch, warum man Dinge, die einen nicht interessieren, nicht im Kopf behalten kann. Egal wie wichtig die Information auch sein mag, durch die Emotion des Desinteresses wird sie als unwichtig aussortiert und landet irgendwo in unseren Hirnwindungen, wo sie dann quasi verschollen ist. Es ist ähnlich, als würden alle Unterlagen, die Sie jemals in Händen gehalten haben, in einem riesigen Zimmer wahllos übereinanderliegen. Hier etwas gezielt zu finden, ist ein aussichtsloses Unterfangen. Genauso in unserem Gehirn.

Diese Art des Abspeicherns hängt auch damit zusammen, dass die beiden Gehirnhälften nicht gleichberechtigt zusammenarbeiten. Andernfalls kann die für gewöhnlich vernachlässigte Seite Anspruch auf die Daten erheben und sie als wichtig einstufen. Darum sind Übungen, die die Arbeit der Gehirnhälften in Einklang bringen, der wichtigste Teil meines Programms. Wenn wir das Zusammenspiel von Logik und Emotion nutzen, erhält jede ankommende Information für unser Filtersystem eine ganz andere, bessere Qualität und wird somit zumindest in eine Art »Register« aufgenommen, also nicht nur nach »wichtig« (= geordnet abspeichern) oder »unwichtig« (= irgendwo fallen lassen) sortiert. Unser Gehirn markiert dann weit mehr Informationen mit einer »Adresse« für den Fall, dass sie doch noch einmal gebraucht würden. Dieses markierte Wissen können Sie schnell wiederfinden und auch wirklich bewusst nutzen.

Um einst im Langzeitgedächtnis stark Verankertes zu reaktivieren und alle alten Verknüpfungen wiederzuerwecken, bedarf es keines großen Aufwandes. Wenn Sie zum Beispiel jahrelang kein Englisch gesprochen haben, werden Sie nicht sehr lange brauchen, um einen ausreichenden Sprachschatz zu aktivieren.

Multisensorik und Mnemotechnik

Je mehr Sinne gleichzeitig genutzt werden, umso besser nehmen wir das Neue auf und umso leichter speichern wir es ab. Kommen dann noch starke emotionale Einflüsse dazu, so wird sich jeder Gedanke auf ewig in unserem Gedächtnis einprägen.

Wenn Sie am Donnerstag vor drei Wochen nicht unbedingt etwas Wichtiges erlebt haben, werden Sie sich wohl kaum mehr auch nur an Ihre Kleidung oder den Tagesablauf erinnern können. Doch denken Sie etwa zum Beispiel an den 11. September

2001, dann werden Ihnen sämtliche Bilder und Erinnerungen wieder sehr plastisch vor Augen stehen. Ich greife hier bewusst dieses Ereignis auf, es ist wohl einer der einschneidendsten Tage der letzten zehn Jahre, sodass jeder eine gewisse Erinnerung an dieses Datum hat.

Sie sehen, sobald Wissen oder auch Erinnerungen mit Emotionen verknüpft sind, sind sie sehr viel stärker und bewusster, einfach plastischer und zugänglicher.

Wenn wir nicht nur stupide am Schreibtisch sitzend auswendig lernen, sondern noch andere Sinneseindrücke mit einfließen, verankert unser Gehirn die Eindrücke um einiges stärker. Beim Auswendiglernen hilft es oft, durch die Wohnung zu gehen und die Vokabeln oder die Texte mit Bewegungen zu verbinden. Auch akustische Einflüsse über Musik können hilfreich sein, es geht einfach darum, möglichst viele zusätzliche Marker an die zu erlernende Information zu binden. Bei Musik sollte man allerdings unbedingt darauf achten, nach Möglichkeit zum gleichen Interpreten oder zumindest zum gleichen Musikgenre zu greifen, solange man sich mit demselben Lernstoff befasst.

Bei meinen Fernsehauftritten sehen Sie mich immer mit den Händen arbeiten, wenn ich rechne. Ich greife mir sozusagen die einzelnen Zahlen, die am Ende das Ergebnis bilden. Ich »nehme« die einzelnen Zahlenblöcke und schiebe sie, wenn ich sie gesagt habe, gewissermaßen auf die Seite. Was für Sie als Zuschauer amüsant aussieht, ist für mich eine Hilfe, denn bei solchen langen Zahlenkolonnen wie denen meiner Ergebnisse kann man sich sehr leicht vertun und so kann ich mich selbst ein bisschen kontrollieren. Denn sobald sich die Bewegungen in Ablauf und Reihenfolge komisch anfühlen, merke ich sehr schnell, ob ich mich eventuell vertan habe.

Mit diesen Bewegungsabläufen verknüpfe ich bereits beim Lernen die verschiedenen Zahlenblöcke so, dass sie in meiner

Erinnerung ein Bild bilden können und somit eine Bewegungsfolge zugeordnet bekommen.

Natürlich können Sie jetzt nicht damit anfangen, alles in Bewegung zu machen oder Ihre Kinder durchs Klassenzimmer rennen zu lassen. Es reichen aber auch schon kleine Verbindungen, die es Ihnen bereits vom ersten Üben an ermöglichen, die Gedanken mit anderen Dingen zu verknüpfen. Als wir zum Beispiel die Themen für dieses Buch gesammelt haben, machten wir in Spanien bei einem Freund Urlaub. Wir saßen auf der Terrasse am Pool und haben je nach Tageszeit bei einem Glas Wasser oder einem Glas Wein unsere Ideen zu Papier gebracht. Jetzt während des Schreibens brauchen wir diese Listen schon gar nicht mehr, denn alle Stichworte sind auch noch über ein halbes Jahr später mit den verschiedenen Emotionen und Wahrnehmungen verbunden. Der Gedanke etwa, dieses Beispiel zu erwähnen, ist früh am Morgen entstanden; dabei saß der kleine Kater Lucky auf dem Schoß meiner Freundin, ihr Rocksaum war noch leicht nass vom Temperaturtest am Pool. Die Tasse mit dampfendem Kaffee, die schon kräftigen Sonnenstrahlen, die bereits den rechten Unterarm erreichen können; das Schnurren des Katers, die Vögel, die noch schnell vor der größten Hitze ihre Lieder singen. Die sanfte Brise vom Meer und der Duft von wildem Thymian, der schon schwer in der Luft hängt. Das Knirschen des weißen Kieses unter den Pfoten der Hunde … Es waren so viele bleibende Eindrücke um uns herum, dass alles mehrfach zugeordnet mit einer hohen Priorität in unseren Gehirnen abgelegt wurde und mit jeder Erinnerung an diesen Urlaub das Erarbeitete auch wieder ohne Anstrengung präsent ist. Es gibt also die verschiedensten Möglichkeiten, um im Gehirn alle Informationen wiederzufinden – ähnlich wie beim Internet. Bei beiden erhält man die gewünschten Informationen über die verschiedensten Suchbegriffe. Probleme treten bei beiden nur auf, wenn wir zu wenig Suchwörter zur Verfügung haben und so eigentlich schon im Vorfeld die Antwort brauchen, um überhaupt den richtigen Pfad zu finden. Je mehr verschiedene Ereignisse, Emotionen oder Einflüsse mit dem Lernen verknüpft sind, umso dichter wird auch das Netzwerk im Kopf, damit wir alles wiederfinden.

DÜFTE UND AROMEN

Sehr stark wirken hier Düfte. Düfte und Aromen werden im wohl ältesten Bereich unseres Gehirns wahrgenommen, dem limbischen System, das es schon weit vor der evolutionären Entstehung des Corpus callosum gab. Den Ursprung des Ausspruchs »Den kann ich nicht riechen«, mit dem wir meinen, »Der ist mir unsympathisch«, haben wir genau in dieser Phase zu suchen, als es noch überlebensnotwendig war, feinste Geruchsunterschiede wahrzunehmen und richtig einzuordnen. Am Geruch hat man sich erkannt, merkte sofort, ob die Genetik des Gegenübers mit der eigenen zusammenpasste, ob Rauch von weit hergetragen wurde oder sich Regen ankündigte. Alles konnten unsere Nasen erkennen und zuordnen. Diese Fähigkeit hat der moderne Mensch weitgehend verloren, für unser heutiges Leben sind andere Sinne wichtiger geworden.

Düfte wirken aber immer noch auf unser Gehirn. So ist beispielsweise nachgewiesen, dass Rosenduft eine positive Wirkung auf unser Gedächtnis ausüben kann.

Fangen Sie jetzt aber bitte nicht an, alle Räume wild zu beduften, denn eine Reizüberflutung ist hier genauso kontraproduktiv, da sich unsere Sinne dann sozusagen zu verheddern anfangen und das Gehirn irritiert wird. Auch die Wahl des Duftes ist entscheidend, im limbischen System kommen nur natürliche Aromen an, künstlich synthetisierte Duftstoffe können von ihm nicht wahrgenommen und verarbeitet werden. Sie führen sehr oft sogar zu Unwohlsein oder Kopfschmerzen, die das Lernen unmöglich machen können. Weil sie nicht erkannt werden, können sie somit natürlich auch keine Emotionen auslösen.

Wenn wir aber etwa an Weihnachten denken, wo das ganze Haus schon seit Wochen nach Gebäck duftet, dann können wir uns wieder ganz leicht an das eine oder andere Weihnachtslied oder -gedicht erinnern, das wir als Kind gelernt hatten. Wählen Sie bitte bewusst aus, denn neben der Natürlichkeit der Düfte ist auch wichtig, dass sie zur Situation und zur Umgebung passen.

Genau diese Multisensorik ist auch eine der Erklärungen dafür, warum kleine Kinder in sehr kurzer Zeit enorm viel zu erlernen vermögen. Sie nehmen ihre Umgebung und die verbindenden Eindrücke wesentlich stärker wahr als ein Erwachsener oder auch schon ein Teenager. Die Kunst liegt also darin, wieder wie ein Kind zu lernen, denn dann wird die Vielfalt der Verknüpfungen unter den einzelnen Informationen vergrößert. Auch die kreative Seite, mit der ein Kind sich fantastische Bilder in seinem Kopf zeichnen kann, ist sehr hilfreich; habe ich keine passende Verknüpfung, so schaffe ich mir eine aus kreativer Vorstellungskraft heraus.

MNEMOTECHNIK

In diese Richtung geht auch die klassische Mnemotechnik, wie sie verschiedene Gedächtnissportler verwenden. Dabei werden unter anderem Geschichten um verschiedene Gegenstände herumgebaut, die man sich merken möchte. Etwa so: Zwei Schnitzel telefonieren mit den Brezeln von gegenüber am Gartenzaun über ihre Frisur. Soll so viel heißen wie zwei Schnitzel kaufen, das Handy von der Reparatur abholen, beim Bäcker gegenüber

Brezeln für eine Gartenparty bestellen, Farbe für den Gartenzaun besorgen und den Friseurtermin nicht vergessen.

Das wäre eine Möglichkeit, bei der man der Fantasie vollkommen freien Lauf lassen kann, und komischerweise lässt sich die Geschichte sogar umso leichter abrufen, je unsinniger sie ist. Wir sehen also, unser Gehirn braucht nicht die logisch klar strukturierte Liste. Nein, die bringt nur der linken Hirnhälfte etwas; wenn wir die kreative rechte Hemisphäre mit gebrauchen, haben wir sehr viel größere Chancen, alles zu behalten und nichts zu vergessen.

Werden Sie doch wieder mal zum Kind, wenn es ums Lernen geht, Sie werden schnell merken, wie effektiv das sein kann, und vor allem, es macht Spaß. Sie werden sich wundern, wie kreativ Sie nach einiger Zeit werden können. Diese Kreativität ist auf Dauer enorm hilfreich, auch wenn Sie sich keine Geschichten erfinden, Ihr Gehirn nutzt diese Fähigkeit auch dann, wenn Sie im herkömmlichen Sinne lernen. Es wird ganz von selbst damit beginnen, kreative Vernetzungen zusätzlich zu den logischen zu bilden und zu nutzen. Ihr Hirn freut sich sogar darüber, wenn es ein wenig albern sein darf. Diese Vielfalt ist sowohl Lernstütze als auch Erholungsphase und da Sie beide Hirnhälften gleichberechtigt nutzen, wird alles stärker verankert.

Was bewirkt die Synchronizität der Gehirnhälften?

Die »Gehirnhemisphärensynchronisation« bringt erstaunliche Erfolge, was unser Vermögen angeht, Informationen aufzunehmen und sich an sie zu erinnern.

Als Kleinkinder beanspruchen wir vor allem unsere rechte Gehirnhälfte, denn dort finden gefühlsbezogene Vorgänge statt,

Kreativität und Fantasie haben dort ihren Platz, auch die Verbindung mit Emotionen wird meistens in diesem Bereich vollzogen. Wenn wir dann älter sind und in die Schule kommen, werden wir zum logisch-analytischen Denken angehalten, das sich in der linken Gehirnhälfte lokalisieren lässt. Dieses rein logisch orientierte Denken verbietet es uns aber, Informationen kreativ zu verknüpfen oder sie mit Gefühlen und anderen multisensorischen Einflüssen zu verbinden.

Weder ein schwerpunktmäßiger Gebrauch der linken noch der rechten Gehirnhälfte ist sinnvoll. Mit unserem Gedächtnis ist es ähnlich wie beim Sport: Wenn ein Gewichtheber mit nur einer Hand eine Langhantel zu heben versucht, ist uns allen klar, dass das nicht funktionieren wird. Er wird zu wackeln anfangen und sich vielleicht sogar schwer verletzen; doch nimmt er die zweite Hand zu Hilfe, kann er zwischen links und rechts problemlos ausbalancieren und schwere Gewichte heben.

Am effektivsten sind alle Lern- und Denkvorgänge in dem Moment, in dem Intuition und »klarer Verstand« gezwungen sind zusammenzuarbeiten. Wenn Sie also das Gehirn so trainieren, dass links und rechts im Konsens arbeiten, können Sie innerhalb kurzer Zeit effektiver lernen, gleichzeitig sich auch an mehr und schneller erinnern und kreativ oder auch logisch verknüpfen.

Eigentlich sind wir die geborenen »Lernmaschinen«, wir vergessen uns nur manchmal zu erinnern.

Kim – der Mega-Savant

Vielleicht kennen Sie den Film »Rainman«. Die Vorlage hierfür ist Kim Peek aus Salt Lake City. Er ist ein Mega-Savant. Durch sein fehlendes Corpus callosum arbeiten seine beiden Hirnhälften unabhängig voneinander. So kann er zum Beispiel mit beiden Augen gleichzeitig jeweils eine ganze Seite lesen und sie Wort für Wort regelrecht in sein Gedächtnis einbrennen. Kim ist so etwas wie ein menschlicher Scanner, der alles abspeichert. Er ist der wohl umfassendste menschliche Informationsspeicher mit Zugriff auf die kleinste Kleinigkeit und einem scheinbar unendlichen Aufnahmevolumen. Das klingt im ersten Moment klasse, doch er kann dieses gespeicherte Wissen nicht kreativ verbinden und nutzen wie Sie und ich.

Ich habe Kim und seinen Vater bei einer Talkshow im deutschen Fernsehen als sehr herzliche und offene Menschen kennengelernt. Er ist ständig darauf bedacht, Neues zu speichern oder bereits Abgespeichertes abzurufen. Sein Gehirn kann nicht entspannen und Fantasie oder Kreativität freien Lauf lassen, er muss abspeichern oder wiedergeben. Jedes Wort, das man in seiner Nähe von sich gibt, regt sein Gehirn dazu an, die entsprechend dazu passenden Informationen, die er einmal gelernt hat, abzurufen und wiederzugeben. Egal wie interessant oder wie unwichtig diese gespeicherten Daten auch sind, für ihn hat alles die gleiche Gewichtung. Was leider auch sein größtes Problem sein dürfte, da er beispielsweise alles über die kulturgeschichtliche Entwicklung des Geldes abgespeichert hat, aber nicht in der Lage ist, mit eben diesem Geld etwas anzufangen. Er könnte nie in einen Laden gehen und etwas einkaufen. Die enorme Informationsflut in seinem Kopf verbietet ihm, logische Vorgänge auszuführen, da er sie nicht kreativ erdenken und nachvollziehen kann. Hierfür wäre genau dieser ihm fehlende Verbindungsbalken notwendig.

Bei diesem Treffen stellte ich auch fest, dass er Probleme mit der Gesichtererkennung hat. Eigentlich ist der Mensch von Geburt an auf das Erkennen verschiedener Gesichter programmiert. Wir sind wahre Spezialisten auf diesem Gebiet. Ihm aber bereitet es enorme Schwierigkeiten. Wir können in einem Gesicht lesen wie in einem Buch, hier sehen wir Emotionen, können etwas über das momentane Wohlbefinden des Gegenübers erfahren, erkennen Müdigkeit genauso wie Freude und Glück. Doch genau diese stumme Sprache, die jeder von uns von Anfang an verstehen und deuten kann, versteht er nicht. Mimik ist für ihn etwas Unbegreifliches, diese Fähigkeit, die wir alle in uns tragen und die uns das gesellschaftliche Leben erst richtig ermöglicht, ist ihm vollkommen fremd. So bereitet ihm das Wiedererkennen eines Gesichts größte Mühe, da er die kleinen Unterschiede an den einzelnen Menschen nicht richtig wahrnimmt. Ihm geht es etwa so wie einem Europäer, der Schwierigkeiten hat, in einer Gruppe von Asiaten die einzelnen Personen auseinanderzuhalten.

Als wir am nächsten Morgen beim Frühstück beisammensaßen, erkannte er mich erst wieder, als wir uns umarmten und er meinen Geruch wahrnehmen konnte. In Verbindung mit meiner Stimme war ich wieder in sein Erkennungsraster einzuordnen. Bei meiner Freundin war er etwas irritiert, denn sie trug an diesem Morgen ein anderes Parfum als am Abend zuvor und verströmte daher einen anderen Duft, als er als Erkennungsmerkmal abgespeichert hatte.

Er ist wie ein Buch, in dem alles steht, das aber die einzelnen Gedanken nicht miteinander verbinden kann. Doch genau hier liegen die unendlichen Möglichkeiten des Gehirns verborgen. Wenn Sie fähig sind, beide Seiten gleichberechtigt, also synchron zu nutzen, können Sie Ihr Wissen vielfältig verwenden und variieren. Genau diese Möglichkeit des Verknüpfens, des kreativen Aufarbeitens und des Entwickelns möglichst effektiver Varianten macht unsere Intelligenz aus. Hier liegt auch der Unterschied zwischen Wissen und Information: Rein gespeichert haben wir nur Information vor uns, aber noch lange kein Wissen. Das Wissen muss durch die Verarbeitung der Information erst geboren werden. Was bringt es uns im normalen Leben, alles – egal ob nützlich oder nicht – in unserem Gehirn wiederzufinden, was bringt es uns, ganze Telefonbücher auswendig zu können, wenn wir nicht fähig sind, ohne Hilfe jemanden anzurufen?

Sie können sich zwar nicht ganze Telefonbücher mit Adressen und Nummern merken, aber Sie können sie benutzen und mit einer anderen Person sprechen, ohne auf Hilfe angewiesen zu sein. Ist nicht gerade das die viel spektakulärere Möglichkeit? Natürlich sind diese enormen Mengen an abgespeicherter Information faszinierend, aber erst wenn die Chance besteht, dieses Wissen auch zu nutzen und es durch logische Schlüsse zu verknüpfen, entdecken wir das wahre Genie in uns selbst.

Lern- und Persönlichkeitstypen

Wer weiß, wie er am besten lernt, hat immense Vorteile. Man unterscheidet drei verschiedene Lern- und drei verschiedene Persönlichkeitstypen. Sie können sich bestimmt sehr gut vorstellen, dass es darum eine Menge an verschiedenen Kombinationen gibt. Allein die verschiedenen Kombinationen der Persönlichkeitstypen füllen ganze Bücher, was unseren Rahmen hier sprengt. Trotzdem wird Ihnen diese Grundinformation hier ausreichen, um sich wiederzuerkennen.

Der jeweilige Reintyp selbst kommt nur ganz selten vor, darum kann man auch nicht von vornherein für die Voraussetzungen eine bestimmte Idealform festlegen. Jeder empfindet und handelt anders.

Bei den Lerntypen unterscheidet man den

1. *visuellen Typ:* Der Wahrnehmungsschwerpunkt liegt bei den Augen. Auf diesen Typ hat Gesehenes einen wesentlich stärkeren Einfluss als Gehörtes oder Gefühltes.

2. *kinästhetischen Typ:* Er nimmt seine Umwelt vor allem durch Gefühltes, also körperliche Empfindungen wahr.
3. *auditiven Typ:* Bei ihm bleibt über das Gehör Wahrgenommenes besonders stark verankert.

Vielleicht können Sie auf der Basis dieser Grundinformationen jetzt schon recht gut eine Tendenz bei sich selbst feststellen.

Bevor wir uns aber mit den Persönlichkeitstypen beschäftigen, möchte ich Sie zu einer kleinen Übung einladen, mit der Sie selbst mit Unterstützung einer zweiten Person ganz einfach feststellen können, in welchem Bereich Ihr Aufnahmekanal vorwiegend verankert ist. Gehen Sie bitte ganz unbefangen an diese Aufgabe heran, egal welche Aufnahmeform Sie bevorzugen, mit den richtigen Tricks ist keiner der drei Typen den anderen unterlegen.

Stellen oder setzen Sie sich Ihrem Partner bequem gegenüber und bitten Sie ihn, genau die Bewegungen Ihrer Augen zu beobachten.

Versuchen Sie nun mit Ihren Augen die Form einer liegenden Acht zu verfolgen; dieser Übung werden Sie noch einige Male in diesem Buch begegnen.

Ihr Beobachter hat nun die Aufgabe, darauf zu achten, in welche Richtung sich Ihre Pupillen am stärksten orientieren. Nach oben, unten oder zur Seite.

Zur Kontrolle des Ergebnisses können Sie noch einen zweiten Test ausführen. Platzieren Sie sich wieder gegenüber.

Diesmal unterhalten Sie sich und lassen sich einige Fragen stellen, bei denen Sie ein wenig nachdenken müssen, etwa was das schönste Urlaubserlebnis war oder was Sie vor zwei Wochen gegessen haben. Hierbei müssen Sie sich darauf konzentrieren, was Sie antworten, durch die Bewegung der Augen in eine bestimmte Richtung, nach oben, unten oder wieder zur Seite, können Sie Ihr vorheriges Ergebnis überprüfen.

Wenn sich Ihre Augen vor allem nach oben orientiert haben, sind Sie am stärksten visuell veranlagt. Sie nehmen also Informationen am besten über die Augen auf. Sie sind der klassische Lesetyp, auch aus Grafiken und Bildern lernen Sie sehr gut. Das gedruckte Wort hat für Sie einen weitaus höheren Stellenwert als das gesprochene.

Ging Ihr Blick verstärkt nach unten, so handelt es sich in Ihrem Fall um den kinästhetischen, also den körperorientierten Typ. Aktives Mitwirken und Ausprobieren ist für Sie die beste und eingängigste Möglichkeit zu lernen. Leider birgt diese Form des Lernens auch ihre Tücken in sich, vor allem für Kinder, die noch zur Schule gehen, da sich diese Kinder leider auch durch störende Einflüsse sehr leicht ablenken lassen.

Als kinästhetischer Typ schreiben Sie sich am besten alles per Hand auf (auch Ihr körperorientiertes Kind sollte das tun) – so wird der Aufnahmekanal befriedigt und der Stellenwert der Informationen automatisch erhöht. Wenn Sie Lernstoff wiederholen, so bewegen Sie sich dabei am besten, gehen Sie auf und ab oder setzen Sie sich auf den Heimtrainer.

Für den Fall, dass Ihr Blick meistens zur Seite ging, in Richtung Ohren, sind Sie sehr wahrscheinlich der auditive Typ, der alles Gehörte intensiver wahrnimmt als zum Beispiel Gelesenes. Müssen Sie wichtige Texte lernen, so lesen Sie sie am besten laut oder sprechen sie auf Tonband, um sie immer wieder anhören zu können. Sie sind der klassische Typ, bei dem ein Audiosprachkurs die meisten Früchte trägt. Hören Sie also bewusst zu, wenn man Ihnen etwas erklärt.

Nun möchte ich Ihnen noch einen ganz kleinen Überblick über die verschiedenen Persönlichkeitstypen geben, damit Sie sich selbst und andere in ihrem unterschiedlichen Lernverhalten besser verstehen können. So braucht etwa Ihre Tochter vielleicht laute Musik während des Lernens, während Sie in derselben Situation keinen klaren Gedanken fassen, geschweige denn schwierige Vokabeln lernen können. So unterschiedlich die Persönlichkeiten sind, so unterschiedlich sind auch die Vorlieben beim Lernen.

Man unterscheidet drei Haupttypen mit ihren Unterkategorien Beziehung, Zeit und Tätigkeit.

• Beziehungstyp	Du	Gegenwart	Fühlen
• Sachtyp	Ich	Vergangenheit	Denken
• Handlungstyp	Wir	Zukunft	Machen

Sie sehen also, dass hier die Reintypen noch seltener auftreten als bei den Aufnahmekanälen. Ganz grob kann man aber dem Handlungstyp den kinästhetischen, dem Sachtyp den visuellen und dem Beziehungstyp den auditiven Kanal zuordnen. Es kann natürlich auch Abweichungen geben.

Als kleiner Wegweiser nur so viel: Der kopforientierte Sachtyp zieht sich am liebsten an einen ruhigen, abgeschiedenen Ort zurück, an dem er in Ruhe und ungestört einfach nur Denken/ Lesen kann. Ein Handlungstyp hat am liebsten und effektivsten »Zuschauer oder Zuhörer«, die aber nicht in sein Tun eingreifen, sondern seine Taten beobachten oder ihm zuhören. Der Beziehungstyp, der meist dem auditiven am nächsten kommt, erklärt am besten einer Person oder sich selbst das zu Lernende mit eigenen Worten, um den Sinn hinter dem zu Speichernden zu verstehen und vom Gegenüber ein Feedback zu bekommen.

Was aber für alle Typen gleichermaßen gilt, sind drei Grundregeln, die der eine oder andere von Ihnen aus dem Bereich des Sportes kennen wird:

- *Stetigkeit:* Wichtig beim Lernen ist vor allem, das Wissen möglichst gut im Langzeitgedächtnis zu verankern, darum ist konstantes Wiederholen so wichtig.

- *Steigende Belastung:* Damit unser Gehirn nicht vor Langeweile faul wird, sollten Sie auch beim Lernen dafür sorgen, dass Sie sich immer wieder aufs Neue fordern und an und über Ihre Grenzen gehen.

- *Superkompensationsphase / Entspannungs- oder auch Ruhephase:* Bei der Superkompensationsphase handelt es sich um ausreichende Ruhephasen. Damit meine ich einerseits genügend Pausen und andererseits, dass nicht nur eine Thematik stundenlang gepaukt wird. Auch das führt zu Langeweile im Gehirn und nach einer gewissen Zeit können wir uns nicht mehr richtig konzentrieren. Darum hat es keinen Sinn, am Tag vor einer Prüfung von morgens bis in die Abendstunden zum Beispiel Formeln zu lernen, nach spätestens zwei Stunden ist Ihr Gehirn müde und kann nicht mehr richtig aufnehmen.

Die optimalen Voraussetzungen für das Lernen schaffen

Sie haben ja schon im autobiografischen Teil dieses Buches erfahren, dass ich sehr viel mit Sport verbinde, darum werden Sie hier zur Verdeutlichung auch einige Beispiele und Vergleiche aus diesem Bereich finden.

Wir starten sofort mit Ihrem ganz persönlichen Training. Manches wird Ihnen wohl schon bekannt sein, manches Ihnen im Moment etwas merkwürdig erscheinen. Aber wie so oft im Leben hat auch hier augenscheinlich Unsinniges seinen Grund und wird Sie in der Entfaltung Ihres eigenen Potenzials unterstützen und weiterführen.

Wie ein Langstreckenläufer sollte sich auch ein Gedächtnissportler richtig aufwärmen, bevor er durchstartet. Dieses Kapitel zeigt Ihnen, wie Sie die richtige Lernatmosphäre für sich schaffen. Ich bezeichne Sie hier jetzt bewusst als Sportler, da wir ja auch körperliche Betätigung, die über unser Normalmaß hinausgeht, als Sport bezeichnen. Zwischendurch kann es für den einen oder anderen unter Ihnen genauso anstrengend werden wie beim Sport. Abschrecken soll Sie dieser Gedanke jetzt bitte nicht, ich möchte Sie nur darauf hinweisen, dass auch das Trainieren des Gehirns immer wieder an vermeintliche Grenzen stößt, die man aber mit Durchhaltevermögen und Disziplin überschreiten kann.

Disziplin und Selbstmotivation

In meiner Praxis als Coach habe ich auch sehr oft erlebt, dass die Teilnehmer die größten Erfolge verzeichnen können, die sich anfangs etwas schwer tun. Genauso wie im Sport ist dann das Erfolgserlebnis, wenn man seine eigenen Grenzen überwinden konnte und eine Hürde geschafft hat, umso befriedigender. Wir müssen wieder selbst mit uns in einen Wettstreit treten. Unsere oft aus Bequemlichkeit sehr eng gesetzten Grenzen können wir nur selbst auch wieder überwinden. Dies erfordert häufig ein erhebliches Maß an Selbstdisziplin und ist auch manchmal ein Kampf gegen den eigenen inneren Schweinehund. Es lohnt sich aber, diesen Kampf aufzunehmen, da man gestärkt daraus hervorgeht. Diese Hürde der Selbstüberwindung wird, wie auch im Sport, nach und nach immer einfacher zu nehmen sein. Wenn Sie beispielsweise anfangen, regelmäßig laufen zu gehen, müssen Sie sich in den ersten Wochen immer wieder dazu überwinden. Wenn Sie es aber nach einigen Monaten mal nicht tun können, wird Ihnen etwas fehlen. Sie werden merken, genauso wie Sport oder andere alltägliche Rituale werden auch meine Übungen eines Tages ein Teil Ihres ganz normalen Tagesablaufs sein und ebenso selbstverständlich wie das Zähneputzen.

Für alles, was wir tun oder unternehmen wollen, und um anstehende Aufgaben bewältigen zu können, müssen wir entsprechende Vorbereitungen treffen. Niemand von uns würde normalerweise im Abendkleid oder Smoking mit der Gartenarbeit beginnen, ebenso hat es keinen Sinn, unmittelbar aus einer Stress-Situation heraus zu lernen.

Wer mit Begeisterung an neue Lerninhalte herangeht, wird wesentlich mehr Erfolg haben. Doch nicht immer steckt diese Begeisterung von vornherein in uns, auch nicht bei Themen, die uns normalerweise interessieren. Dann müssen wir uns mit einer bestimmten Zielsetzung motivieren. Dazu kommt, dass bewusstes Vertrauen in ein Vorhaben schon im Vorfeld über dessen Gelingen entscheidet. Hier hilft die Technik der Visualisierung, denn gerade durch erfolgreiches Visualisieren eines Ziels wird das Unterbewusstsein so beeinflusst, dass das Vertrauen in das Gelingen des Unternehmens gestärkt ist und somit die Versagensangst vertrieben wird.

Noch schwieriger wird das Ganze bei einem ungeliebten Thema. Das Buch zeigt Wege auf, wie sich selbst hier Neugierde wecken lässt und dadurch die entsprechende Motivation einsetzt.

Sich Ziele setzen

Eben wurde bereits angedeutet, dass es für die Selbstmotivation sehr wichtig ist, sich zuerst zu fragen, welches Ziel man erreichen möchte. Schon diese Frage lässt sich oft nicht so leicht beantworten. Die meisten Menschen sind der Meinung, sie würden ihre Ziele kennen, aber sind es auch echte und lohnenswerte Ziele? Nehmen Sie sich zur Beantwortung dieser Frage genügend Zeit. Sie sollten sich absolut sicher sein und Ihr Ziel so exakt wie möglich formulieren und sich ausmalen können. So können Sie sich mit dem festen Glauben an sich und Ihre Ziele so programmieren, dass Ihr Unterbewusstsein es Ihnen durch entsprechende Beeinflussung ermöglicht, sie wirklich zu erreichen. In diesem Zusammenhang ist interessant, dass ca. 95 Prozent aller Vermögenswerte auf die 5 Prozent der Bevölkerung entfallen, die klar ihre Ziele formulieren und sie sich greifbar vorstellen können. Denn nur diese klare Definition liefert Ihnen den Grund, warum Sie sich anstrengen und nach Wegen suchen sollen.

Für jedes Ziel gilt:

- Es muss präzise und genau definiert sein.
- Es muss positiv formuliert sein (keine Verneinungen).
- Es muss im Ist-Zustand programmiert werden.
- Es muss motivierend sein (wegen nötiger mentaler Energie, die erst den Anreiz für die folgenden Aufgaben gibt).
- Es sollte, auch wenn es theoretisch wie auch praktisch keine Grenzen gibt, halbwegs »realistisch« sein (z. B. nicht: »Ich bin 15 Jahre alt, evangelisch und werde bis zu meinem 18. Geburtstag Papst sein.«).
- Es sollte auch eine Herausforderung darstellen, denn wenn etwas zu einfach ist, wird es Sie kaum befriedigen.
- Sie sollten das Erreichen eines Ziels auch immer zeitlich begrenzen, denn ohne gewissen Leistungsdruck siegt beim von Natur aus faulen Menschen das Aufschieben auf später.

Selbstmotivation bei ungeliebten Themen

Es gibt Dinge, für die wir uns einfach nicht begeistern können, egal wie viel guten Willen wir aufbringen. Dann sieht es im ersten Moment natürlich sehr schlecht aus, hier ist ein großes Maß an Eigenmotivation und Disziplin gefragt. Dafür speziell möchte ich Ihnen einige Hilfen an die Hand geben, die generell unterstützen.

Was aus meiner Erfahrung immer funktioniert, ist, mit sich selbst in Wettkampf zu treten. Setzen Sie sich ein realistisches Ziel und versuchen Sie es noch besser zu erreichen als erhofft.

Am Schuljahresanfang lasse ich alle Schüler im Kurs an unserer Schule ein eigenes Zeugnis schreiben. Genau um eine Note besser, als sie es sich wünschen. Ihre Einschätzung sollte aber möglichst realistisch bleiben. So ist es nicht unmöglich, in einem bestimmten Fach eine um zwei oder drei Noten bessere Zensur zu bekommen. Utopisch wäre es natürlich, sofort in allen Fächern nur noch die besten Noten zu erbringen, wenn man sich bisher so durchgekämpft hat, aber im Einzelnen sind enorme Verbesserungen durchaus realistisch. Als wir Jugendliche zu unterrichten begonnen haben, hatten wir einige Vierer- und Fünfer-Kandidaten im Kurs. Diese Jungs haben alle das kleine Wunder vollbracht, eineinhalb Jahre später in ihren Abschlusszeugnissen die heiß ersehnte Zwei stehen zu haben. Unser härtester Fall hat nun sogar mit einer glatten Eins abgeschlossen und kann auf eine weiterführende Schule gehen, um einen höheren Abschluss zu bekommen. Leider waren im ersten Jahr unserer Arbeit an der Schule keine Mädchen im Unterricht. Sie hatten keinerlei Interesse an Mathe, sie waren – wie ich zu meiner Schulzeit – sozusagen allergisch gegen dieses Fach. Aber genau diese Mädchen waren dieses Jahr zwei Tage vor ihren Prüfungen bei uns im Kurs. Wir haben gewissermaßen einen Crashkurs in Mathe und Lerntechniken mit ihnen gemacht. Allein diese kurze Übungszeit, verbunden mit dem gestärkten Selbstbewusstsein, hat bewirkt, dass keines der Mädchen, das mit einer schlechten Note angemeldet war, durchgefallen ist. Alle haben ihr Ziel, eine Drei im Abschlusszeugnis zu bekommen, erreicht, obwohl es teilweise aussichtslos schien. Hierbei war aber meiner Meinung nach nicht das bisschen Wiederholen des Stoffes ausschlaggebend, sondern die Tatsache, dass sie ohne Angst und mit dem Bewusstsein, den Stoff zu beherrschen, in ihre Prüfung gegangen sind. So konnten sie ganz entspannt ihre Aufgaben meistern. Genau hier liegt bei vielen das Hauptproblem, nicht am Unverständnis, sondern am Selbstzweifel.

Was tun gegen Versagensängste?

Die Angst vor Versagen spielt eine so große Rolle, dass sie unser Gehirn schon beinahe lähmt. Sie manifestiert sich so sehr in einem Menschen, dass er auch mit den größten Anstrengungen keine guten Ergebnisse mehr zu erzielen vermag. Darum sollten sich die Schüler ihr Wunschzeugnis über den Schreibtisch hängen. Wenn sie es ständig vor Augen haben, wird das Unterbewusstsein die Ängste und Zweifel irgendwann ignorieren und durch diese positive Programmierung überlagern. Greifen Sie ruhig nach den Sternen, auch wenn es in unserer logisch orientierten Welt manchmal etwas unglaublich wirken mag, aber der Selbstzweifel ist die stärkste Bremse für Ihren eigenen Erfolg. Weiter hinten in diesem Buch finden Sie unter den Programmierungsübungen noch eine äußerst wirksame Übung gegen die Zweifel und Ängste, die uns in unserem eigenen Vorankommen blockieren.

Genau in dem Moment, in dem ich am schlimmsten versagt habe, habe ich beschlossen, eines Tages der Beste in exakt dieser Sparte zu sein. Allein mein Wille und meine Ausdauer haben mir ermöglicht, dieses Vorhaben zu realisieren. Genau dasselbe können Sie auch. Sie müssen ja nicht gleich die Meisterschaft erringen, zu meinem damaligen beinahe wahnsinnigen Vorhaben trieb mich mein zu dieser Zeit ungezügeltes Ego. Aber ein für einen selbst befriedigendes und erfüllendes Resultat kann jeder erzielen. Warum nicht auch einmal träumen und ein bisschen Größenwahn mitspielen lassen, wenn es um das Idealbild eines Zieles geht?

Wirklich große Dinge werden meist von Fantasten ersonnen und sind doch einige Jahre später oft mehr Realität als Fiktion. Oder wo sehen Sie einen großen Unterschied zwischen den mobilen Kommunikationsgeräten aus den alten Raumschiff-Enterprise-Filmen und unseren heutigen UMTS-Handys?

Selbstvertrauen

Seien Sie ruhig ein bisschen Fantast; das Zutrauen zu sich selbst ist die wichtigste Voraussetzung bei jedem Vorhaben und gerade wenn es um ungeliebte Aufgaben geht, ist die Belohnung am Ende umso größer. Es gibt nichts Schöneres, als sagen zu können, ich habe mich überwunden, ich habe mich selbst bezwungen und diese Hürde gemeistert. Führen Sie sich dies immer wieder vor Augen und Sie werden sehen, wie viel Spaß es Ihnen auf einmal bringen kann, sich selbst stets aufs Neue herauszufordern. Denn Erfolg schafft Motivation und Motivation bringt Erfolg. Wir befinden uns somit in einem Kreislauf, der das Notwendige aus sich selbst heraus bewirkt.

Also beginnen Sie Ihren Wettkampf, der Drang zu siegen ist in jedem von uns verankert, er muss nur geweckt werden.

Das richtige Umfeld

Der Lernerfolg hängt auch vom Umfeld ab. Hier möchte ich Ihnen erklären, inwieweit der Arbeitsraum oder Einflüsse von außen eine Rolle spielen, wann Musik das Lernen unterstützen kann und ob der Einsatz von Lernprogrammen sinnvoll ist.

Der Arbeitsplatz

Bei der Wahl des richtigen Arbeitsplatzes sollten Sie ein paar kleine allgemeingültige Regeln beherzigen. Wobei das Thema Ordnung wichtig ist, aber nicht überbewertet werden sollte. Natürlich ist ein gewisses Maß vonnöten, aber wenn der Druck, Ordnung zu halten, zu groß ist, wird der gewünschte Lernerfolg auch nicht unbedingt erreicht. Solange Sie selbst oder auch Ihr Kind im eigenen Chaos klarkommen, müssen Sie sich keine

Gedanken machen. Nur wenn Sie andauernd Ihr Arbeitsmaterial suchen oder ständig etwas vergessen, sollten Sie Abhilfe zu schaffen versuchen. Aber nun die Regeln für den Arbeitsplatz:

- Sie sollten immer für ausreichende Beleuchtung sorgen. Am besten mit so viel Tageslicht wie möglich, aber achten Sie bitte darauf, dass Sie nicht geblendet werden.
- Sorgen Sie für eine gute Belüftung. Wenn nicht genügend Sauerstoff im Raum ist, kann Ihr Blut nicht genug aufnehmen und Ihr Gehirn versorgen.
- Achten Sie auf eine möglichst aufrechte Haltung, nur so wird der Blut- und Sauerstofffluss in Gang gehalten und Ihr Hirn ausreichend mit allen Nährstoffen versorgt.
- Nutzen Sie bitte nicht den Esstisch als Arbeitsplatz, unser Unterbewusstsein hat andere Dinge für diesen Platz gespeichert.
- Schaffen Sie sich eine angenehme Raumatmosphäre. Denn nur wenn Sie sich wirklich wohl und entspannt fühlen können, wird das Lernergebnis entsprechend sein.
- Sie sollten beim Lernen keinesfalls liegen, denn unser Körper ist so konditioniert, dass sich dabei Müdigkeit einstellt. Somit ist diese Position zum effektiven Lernen absolut ungeeignet. Außerdem gilt hier dasselbe wie beim Küchentisch, unser Unterbewusstsein hat im Bett oder auch auf der Couch anderes im Sinn als Denken.
- Lassen Sie an Ihrem Arbeitsplatz nichts Unnötiges herumliegen. Sie sollten genügend Platz haben, denn wer beengt sitzt, kann sich kaum konzentrieren.
- Seien Sie aber nicht zu obsessiv in dieser Ordnung, um sich nicht selbst Unbehagen zu bereiten.
- Ob Sie nun im stillen Kämmerlein lernen oder lieber mit begleitender Musik, ist wiederum Ihre ganz persönliche Emp-

findenssache, aber sorgen Sie dafür, dass Störungen durch Familienmitglieder oder Kollegen möglichst auf ein Minimum begrenzt sind.

• Stellen Sie sich immer eine Flasche Wasser bereit, es ist Ihr bester Freund, wenn es zwischendurch nicht mehr so gut laufen will.

Schaffen Sie sich also ein möglichst optimales Umfeld; es geht zwar auch anders, nur ist der Erfolg dann fraglich. Und unnötigerweise ist das Lernen dann auch sehr viel anstrengender.

Sie haben ja bestimmt schon festgestellt, dass für ein effektives Lernen nicht immer dieselben Voraussetzungen nötig sind. Wenn ich beispielsweise das Multiplizieren übe, ziehe ich mich in mein Arbeitszimmer zurück und brauche absolute Ruhe. Dann darf weder meine Freundin noch meine Katze zu mir in den Raum. Das Telefon wird ausgesteckt und die Klingel abgestellt. Trainiere ich hingegen die Potenzen, gehe ich am liebsten ins Café. Die Geräuschkulisse dort hilft mir, bei Auftritten mögliche Störungen auszublenden und mich davon nicht irritieren zu lassen. Oder ich gehe spazieren und lasse zahllose Ziffernkolonnen durch meinen Kopf laufen. Es kommt immer auf die letztendlich gewünschten Erfolge an. Vieles können wir einfach wesentlich besser und effektiver lernen, wenn wir es nur so nebenbei tun. Oft sind es gerade die Inhalte, die uns nicht so richtig begeistern können, die wir entspannt am besten nebenbei lernen können.

Während des Lernens den Fernseher laufen zu lassen befürworte ich auf keinen Fall, das funktioniert nur bei einem ganz geringen Bruchteil der Bevölkerung. Also am besten ganz lassen. Vor allem, wenn Sie Ihren Kindern beim Lernen helfen wollen, da sie viel zu stark abgelenkt werden.

Musik kann förderlich sein

Mit Musik sieht es schon wieder etwas anders aus. Sie kann sogar sehr hilfreich sein, da verschiedene Harmonien unterschiedliche Regionen in unserem Gehirn anregen und unterstützen können. Hierbei gibt es aber keine grundlegende Regel, es entscheidet die persönliche Veranlagung. Viele Menschen, die normalerweise keinerlei Störungen während ihrer konzentrativen Phase gebrauchen können, laufen bei rationellen Dingen wie Mathematik mit ruhiger Hintergrundmusik zur Höchstform auf. Da die rationelle Denkweise der linken Gehirnhälfte durch die harmonische Anregung der rechten kreativen und musisch beeinflussbaren Hirnhälfte so weit unterstützt wird, dass beide beinahe synchron zusammenarbeiten, was zusätzlich die Lern- und Denkfähigkeit stärkt und unterstützend wirkt. Inwieweit Ihnen diese auditive Hilfe von Nutzen ist, müssen Sie selbst entscheiden. Doch bitte wählen Sie keine aggressiven oder extrem aufputschenden Klänge. Auch sogenannte Meditationsmusik ist nicht unbedingt geeignet, da sie die Denkmaschinerie sogar zum Erlahmen bringen kann. Was sich als brauchbar erwiesen hat, ist klassische Musik genauso wie überraschenderweise Techno, Rock oder sogar Hardrock. Popmusik ist eher neutral und unterliegt dem persönlichen Geschmack. Worauf man immer verzichten sollte, ist Hip-Hop, da diese Beats eine lähmende Wirkung auf unser Gehirn haben und somit den Lernerfolg sogar stoppen und blockieren können. Vom Radio würde ich eher abraten, da durch Werbung und Nachrichten der Fokus des Gehirns wieder in eine andere Richtung gelenkt wird. Sie müssen also herausfinden, ob Sie oder auch Ihr Kind sich mit oder ohne Musik besser auf das Lernen konzentrieren können – probieren Sie es einfach aus.

Licht

Mit einer der wichtigsten Faktoren ist auch das Licht. Ist es zu hell, überlasten wir unsere Augen besonders schnell. Ist es zu dunkel, beginnt unser Körper mit der Produktion verschiedener Hormone, die ermüdend wirken. Sorgen Sie also für eine gute Arbeitsplatzbeleuchtung, denn überlastete Augen führen auf Dauer nicht nur zu Müdigkeit und Sehstörungen, sondern auch zu Gedächtnisschwächen. Am besten ist immer noch natürliches Sonnenlicht, doch vermeiden Sie direkte Einstrahlung. Auch sie schadet den Augen und der Schattenwurf kann wiederum ablenken. Ein Zimmer mit Fenster in Richtung Norden wäre ideal; wenn Ihr Arbeits- oder Kinderzimmer das nicht zu bieten hat, achten Sie darauf, dass der eigene Körper keinen Schatten auf die Arbeitsfläche wirft. Es sollte auch keine direkte Lichteinstrahlung ins Sichtfeld geben. Kontrollieren Sie des Weiteren die Ausrichtung der Lampen und die Stärke der Glühbirnen. Oft genügt hier schon eine kleine Änderung, um optimale Bedingungen zu schaffen. Dabei gilt auch: Bei Linkshändern sollte das Licht von rechts, bei Rechtshändern von links kommen. Dadurch kann man störende Schattenbildung auf dem Arbeitsmaterial verhindern.

Der richtige Zeitpunkt

Auch der Zeitpunkt des Lernens ist elementar. Nichts ist kontraproduktiver als der verzweifelte Versuch, unmittelbar aus einer Stress-Situation heraus zu lernen. Zwingen Sie sich bitte nicht nach dem Motto »Das muss jetzt sein«. Es ist immer sinnvoll, zuerst den vorherigen Stoff sich setzen zu lassen, um freien Raum für neue Inhalte zu schaffen. Darum gönnen Sie sich und auch Ihren Kindern erst eine Pause, bevor Sie loslegen. Am besten gewöhnen Sie sich zu Beginn gleich ein Ritual an.

Sie können etwa zunächst die Fenster öffnen, um genug Sauerstoff in den Raum zu lassen. Holen Sie sich Ihr Getränk, platzieren Sie alles, was Sie für Ihre Übungen brauchen, arbeitsfreundlich. Bereiten Sie einfach alles für ein gutes Lernklima vor.

Lernsoftware

Was auch immer mehr in Mode kommt, ist Lernsoftware. Die Frage ist nur, was Sie damit erreichen wollen.

Zum Lernen selbst sind solche Programme meist absolut ungeeignet. Der Großteil taugt höchstens zur Lernfortschrittskontrolle, aber nicht zum Erlernen neuer Inhalte. Das größte Problem bei diesen Programmen liegt darin, dass sie einem System folgen, das von unserem Unterbewusstsein meist sehr schnell durchschaut wird. Darum können wir dabei gut abschneiden, ohne wirklich Fortschritte gemacht zu haben. Darüber hinaus desynchronisieren diese Programme Ihre Hirnhälften – ein Problem, das größer ist, als es auf den ersten Blick scheint. Zu dieser Thematik finden Sie auf Seite 73 sehr viel Wissenswertes und Hilfreiches.

Der Fokus des Denkens wird bei Lernsoftware vor allem auf die Seitenbereiche des Bildschirms gelenkt und nicht auf die wesentlichen Inhalte. Dazu kommt, dass die Informationen durch die Eingabe am PC weitaus schlechter im Gehirn verankert werden als durch das klassische Schreiben per Hand. Die negativen Auswirkungen der monotonen Bildschirmarbeit ohne den zusätzlichen Einsatz anderer Sinne gehen sogar so weit, dass das Gehirn in eine stressbetonte Schwingung versetzt wird und die Synchronizität enorm nachlässt. Das reduziert die Aufnahme- und Verarbeitungskapazität nach kurzer Zeit auf ein Minimum, das Gehirn setzt nur noch ein kleines Spektrum seiner Möglichkeiten und seiner nutzbaren Areale ein und das wiederum mit geschwächter Aufmerksamkeit, da die Gehirnschwingung nicht mehr im lernfähigen Bereich liegt. Wir beschleunigen und verbessern also durch die meisten dieser Programme unser Lernen nicht, sondern wir blockieren es auf Dauer sogar. Die Vielfalt der verschiedenen uns von der Natur in die Wiege gelegten Lernmöglichkeiten sollten wir in vollem Umfang nutzen und nicht durch die Technik beschränken lassen.

Als gelegentliche Abwechslung sind solche Programme aber durchaus empfehlenswert, nur sollten Sie sich nicht darauf verlassen. Dasselbe gilt auch für Ihre Kinder; für zwischendurch ist solche Software ganz zweckmäßig, bieten aber keinesfalls die Möglichkeiten, die so oft angepriesen werden.

Sprachtrainer auf CD wiederum sind sehr sinnvoll, sie sollten aber von guter Qualität sein. Mit diesen Audioübungen kann man gut das Gefühl für eine Sprache trainieren. Bei wirklich hochwertigen Programmen gibt es verschiedene Leistungsniveaus, die den jeweiligen Bedürfnissen gerecht werden. Auch die Begleitbücher sind hier meist sehr gut strukturiert, sodass man sie effektvoll als Ergänzung nutzen kann. Durch das wiederholte Hören der richtigen Aussprache werden mehr Regionen im Gehirn angeregt als durch das stupide Vokabellernen vom Blatt. Ich empfehle gerade bei Sprachen immer wieder, die eigene Aussprache über eine Bandaufzeichnung zu kontrollieren. Sie brauchen sich jetzt kein spezielles Diktiergerät zu besorgen. Die modernen Handys verfügen eigentlich alle über ein integriertes Aufzeichnungselement, mit dem Sie ohne Probleme kurze Sequenzen aufzeichnen und abspielen können.

Entspannung und Schlaf

Haben Sie schon einmal versucht, an nichts zu denken? Ist es Ihnen auch nur annähernd gelungen, ohne dass ständig neue Gedanken durch Ihren Kopf gezogen wären? Ein wohl eher erfolgloses Unterfangen, das mehr frustrierend als entspannend geendet hat. Und außerdem: Was ist eigentlich entspannt? Liegen sollten Sie ja auf keinen Fall, um dem Körper kein Schlafsignal zu geben, aber wie entspannt man sich nun effektiv, ohne einzuschlafen? Genau darum geht es jetzt hier. Ich möchte Ihnen zeigen, wie Sie die Hirnfrequenzen durch einfache Übungen in einen idealen Schwingungsbereich bringen können.

Senkung der Hirnfrequenz

Ihren Puls können Sie fühlen, Ihre Atmung sogar sehen, aber Ihre Hirnfrequenz ist ein Geheimnis. Sie können sie weder sehen noch einfach so ertasten, man kann sie nur mit speziellen Geräten messen, aber sie lässt sich beeinflussen genau wie der Puls, allerdings braucht auch das etwas Übung. Bitte zweifeln Sie daher nicht an Ihren Möglichkeiten, nur weil nicht alles auf Anhieb klappen will.

Es ist schwer sich vorzustellen, dass unser Gehirn einen eigenen, vom Körper unabhängigen »Puls« hat. Ihr Gehirn schwingt je nach Situation im Bereich von 1 bis 30 Hz. So kann Ihre Hirnfrequenz enorm hoch sein, aber Ihr Puls ist nur unwesentlich höher als im Ruhezustand. Wir haben es hier genauso mit fließenden Übergängen zu tun wie bei den verschiedenen Pulsbereichen.

Frequenzbereich	Bezeichnung	Wann
1–3 Hz	Delta	Tiefschlaf
3–7 Hz	Theta	Remphase
7–13 Hz	Alpha	Halbschlaf
13–30 Hz	Beta	Wachphase

Ihr Gehirn kennt auch noch weit höhere Werte im Gammabereich, aber genau wie beim Puls werden sie nur in Schocksituationen erreicht. Am wichtigsten für das Training ist der Betazustand, in dem wir normalerweise lernen, der allerdings dafür nicht sehr geeignet ist, da wir evolutionsbedingt während dieser Hirnfrequenzphase eher auf Flucht oder Jagd eingestellt sind. Das waren früher die zwei wichtigsten Aktionen, die das Überleben der Familie sichern mussten; darum sind wir während des Wachseins eher auf diese Urinstinkte denn auf Wissensaufnahme eingestellt. Das Ziel wird es sein, auch in hellwachem Zustand die Hirnfrequenz auf den Alphazustand zu senken. In Alpha ist unser Gehirn zwar während der Dämmerphase kurz vor dem Einschlafen, aber genau diese niedrigere Hirnschwingung ist ideal für die Aufnahme und dauerhafte Speicherung von Informationen. Das hört sich im Moment unlogisch an: Einerseits lernen Sie nicht wirkungsvoll genug, wenn Sie wach sind, anderseits sollen Sie im Halbschlaf effektiver, kreativer und besser mit dem Kopf arbeiten können. Was zuerst eher konträr anmutet, ist aber mit etwas Übung zu erreichen. Sie werden sich wundern, Sie werden entspannter und gleichzeitig erfolgreicher arbeiten. Ihr Gehirn ist dann in der Schwingung, in der Umwelteinflüsse es nicht mehr besonders stören können. Wenn wir uns jetzt wieder an unsere Schulzeit erinnern, landen wir automatisch beim Tipp, doch am Abend unmittelbar vor einer Klassenarbeit noch kurz vor dem Einschlafen alles ein letztes Mal zu überfliegen. Ein alter Rat eines Lehrers meiner Freundin war, alles auf eine Kassette zu sprechen und sie beim Zubettgehen dann abzuspielen.

Befolgt hat wohl jeder mal mit mehr, mal mit weniger Erfolg einen solchen Rat. Der Ansatz war auf jeden Fall richtig, zum einen waren wir schon etwas entspannter und unsere Hirnfrequenz im unteren Beta- oder oberen Alphabereich. Zum anderen überarbeitet unser Gehirn während des Schlafens sozusagen die Informationen und die Gedanken des Abends, was sie so zusätzlich festigt und sie wieder auffindbar macht, wenn wir sie brauchen.

Zur Regulierung der Hirnfrequenz habe ich für Sie **Übungen** in verschiedenen Stufen entwickelt, je nachdem für welchen Zweck Sie sie benötigen.

Am einfachsten ist die reine Zahlenreihe ohne zusätzliche Aktivierung durch Farben. Sie können sie allein mit Ihrer Vorstellungskraft ausführen oder auch auf Band sprechen und dann abspielen. Auf jeden Fall sollten Sie dafür sorgen, dass Sie in den nächsten fünf bis zehn Minuten möglichst nicht gestört werden. Mehr brauchen Sie nicht, um Ihren Geist für die folgenden Stunden in die ideale Lernstimmung zu versetzen.

Für diese Übungen gilt

- mindestens fünf Minuten ungestört sein,
- eine entspannte Position einnehmen,
- nichts überkreuzen.

Setzen oder legen Sie sich möglichst bequem hin und achten Sie darauf, weder Beine noch Arme zu überkreuzen. Dafür gibt es viele Begründungen, mal wissenschaftlich nachgewiesen, mal nur spekulativ:

- Der Energiefluss wird beeinträchtigt.
- Der Körper muss sich sonst zu sehr stabilisieren und anstrengen, was wiederum Stress auslösen kann.
- Muskeln und Sehnen stehen unter Anspannung.
- Der Blutdruck bleibt höher, da es an den Auflagestellen zu Venenverengungen kommt.

Schließen Sie die Augen und lenken Sie Ihre ganze Aufmerksamkeit auf Ihre Atmung. Versuchen Sie sie nicht zu beeinflussen, beobachten Sie sie nur. Da es nahezu unmöglich ist, an nichts zu denken, versuchen Sie sich lediglich auf Ihre Atmung zu konzentrieren, dann haben andere Gedanken keine große Chance mehr. Bei den ersten Versuchen wird diese Konzentration vermutlich noch nicht so gut funktionieren, aber nach einigen Tagen wird es immer einfacher, den Kopf frei zu bekommen.

Wenn Sie dann möglichst ohne störende Gedanken entspannt dasitzen, beginnen Sie in Gedanken zu zählen. Nicht zu schnell, versuchen Sie sich die einzelnen Zahlen möglichst bildhaft oder auch symbolisch vorzustellen. Lassen Sie sich für jede einzelne Ziffer bitte mindestens 5 Herzschläge lang Zeit (also 7-mal 5 Herzschläge für 7-mal die Sieben etc.):

- 7 7 7 7 7 7 7   siebenmal die Sieben
- 6 6 6 6 6 6   sechsmal die Sechs
- 5 5 5 5 5   fünfmal die Fünf
- 4 4 4 4   viermal die Vier
- 3 3 3   dreimal die Drei
- 2 2   zweimal die Zwei
- 1   einmal die Eins
- 0   ganz kurz einmal die Null

Nun sollten Sie entspannt sein, Ihr Puls geht etwas langsamer, Ihr Blutdruck hat sich leicht gesenkt, Ihre Atmung ist ruhiger, Ihre Hirnfrequenz ist gesunken. Das Zeichen dafür ist das entspannte Gefühl, das Sie sehr wahrscheinlich in Ihrem Kopf verspüren können. Eine angenehme, schwere Wärme ist in Ihrem ganzen Körper.

Genießen Sie einige Minuten dieses Gefühl und beobachten Sie weiterhin Ihre Atmung. Sollten Sie beim Zählen immer wieder den Faden verlieren, dann nehmen Sie einfach die Finger zu Hilfe. Verwenden Sie dabei bitte immer dieselbe Hand für die ersten fünf Zahlen. Wenn Sie also entschieden haben, dass der linke kleine Finger für die 1 steht, sollten Sie das unbedingt so beibehalten und nicht zwischendurch mit dem rechten Daumen anfangen.

Falls Sie unter Schlafstörungen leiden oder mit Einschlafschwierigkeiten kämpfen, setzen Sie diese Technik bis hierher auch im Bett ein. Mit ein wenig Übung werden Sie so problemlos einschlafen können.

Basisübung zur Hirnfrequenzsenkung

Wir wollen diesen Entspannungszustand jetzt aber vor allem dafür nutzen, um erholt und im richtigen Hirnschwingungsbereich zu arbeiten. Wenn Sie diese Hirnfrequenzübung beispielsweise in der Mittagspause durchführen, werden Sie merken, dass Sie danach erholt und mit neuer Kraft und Konzentration in den Nachmittag gehen können. Bei den meisten meiner Seminarteilnehmer gehört diese Übung in erweiterter Form, die ich Ihnen auch noch vorstellen werde, zum täglichen Programm, um die Leistungsfähigkeit zu verbessern und den Stress gleich wieder unter Kontrolle zu bringen. Sobald wir entspannt an die Arbeit gehen, sind wir sehr viel produktiver, als wenn der Stress vom letzten Termin noch in uns nachwirkt.

Einschlafen wollen Sie jetzt ja nicht, darum zählen Sie sich bitte, wenn Sie einige Zeit in der Entspannung geblieben sind, nach folgender Regel wieder in den Wachzustand, wobei Ihre Hirnfrequenz aber immer noch im niedrigen Alphabereich schwingen wird:

Atmen Sie tief durch und fangen Sie dann bei einer beliebig gewählten Zahl, zum Beispiel 8, an, sich wieder wach zu zählen. Wählen Sie bitte keine Zahl kleiner als 5, da das Zählen sonst zu schnell geht und Sie am Ende eventuell noch nicht wieder ganz im Wachzustand sind. Klassisch aus der Hypnose wird meistens die Zahlenreihe von 10 bis 0 verwendet, hier können Sie aber nach Belieben variieren.

Stehen Sie auf, strecken Sie sich und gehen Sie ein paar Schritte durch den Raum. Sie werden feststellen, dass Sie sich erholt und entspannt fühlen. Am Anfang kann diese Übung eine leichte Müdigkeit hervorrufen, sie verschwindet aber sehr schnell wieder. Sie sind wieder frisch und der Kopf ist frei von störenden Gedanken. Je nach Veranlagung und Tiefe der Entspannung hält dieser Zustand zwischen einigen Minuten und mehreren Stunden an. Seien Sie nicht enttäuscht, wenn es zu Beginn Ihrer Trainingsphase nicht so erfolgreich klappt, mit ein wenig Übung gibt sich das sehr schnell.

Übertreiben Sie die Übung nicht; wenn Sie sie beispielsweise einmal tagsüber durchführen und eventuell noch als Einschlafhilfe oder zur schnellen Entspannung zwischendurch, reicht das absolut aus. Sie sollten sich hier zu Beginn nicht zu viel abverlangen, da Sie anfangs eventuell leichte Kopfschmerzen bekommen können. Sie sind mit einem Muskelkater zu vergleichen und schnell wieder verschwunden. Allerdings lassen sie sich sehr leicht vermeiden. Warten Sie deswegen einige Zeit, bevor Sie mehrmals täglich Hirnfrequenzübungen machen.

Diese einfachste Form der Frequenzabsenkung sollten Sie schon einige Male durchgeführt haben, bevor Sie zu anspruchsvolleren Techniken übergehen.

Für eine Verstärkung und auch zeitliche Verlängerung des Effekts erweitere ich nun diese Basisübung mithilfe der Regenbogenfarben, die ja bekanntermaßen das gesamte sichtbare Lichtspektrum darstellen und auch schon seit alters her mit zur Aktivierung der Chakren verwendet werden. Da unsere Zellen über elektromagnetische Impulse miteinander kommunizieren und auch Farben auf diese Weise wahrgenommen werden, kann man mittels der Farbfolge größere Erfolge erzielen. Darum integriere ich genau den Farbverlauf des Regenbogenspektrums in die Zähltechnik zur Hirnfrequenzsenkung. Es sind die Farben Rot, Orange, Gelb, Grün, Blau, Lila und Violett.

Ihre Aufgabe ist es nun, sich zu den Zahlen auch die zugehörige Farbe vorzustellen. Dabei können die einzelnen Zahlen eingefärbt sein, Sie können sich die Farbe als Zahlenhintergrund vorstellen oder Sie stellen sich zum Beispiel eine Sieben vor, die aus sieben Tomaten oder aus sieben Erdbeeren zusammengesetzt ist. Die Übung verläuft auf dieselbe Weise, wie auf den Seiten zuvor beschrieben, nur ergänzen wir nun um die entsprechenden Farben:

- Für störungsfreie Zeit sorgen.
- Es sich bequem machen.
- Darauf achten, nichts zu überkreuzen.
- Die Augen schließen.
- Auf die eigene Atmung achten.
- Jede Ziffer in Gedanken ein paar Herzschläge lang festhalten.

- 7 7 7 7 7 7 7   Rot
- 6 6 6 6 6 6   Orange
- 5 5 5 5 5   Gelb
- 4 4 4 4   Grün
- 3 3 3   Blau
- 2 2   Lila
- 1   Violett
- 0

Zahlen	Farbe	Beispiel	Farbton
7 7 7 7 7 7 7	Rot	Tomate, Erdbeere	Rot
6 6 6 6 6 6	Orange	Orange, Aprikose	Orange
5 5 5 5 5	Gelb	Banane, Zitrone	Gelb
4 4 4 4	Grün	Wiese, Spinat	Grün
3 3 3	Blau	Meer, Himmel	Blau
2 2	Lila	Pflaume, Veilchen	Lila
1	Violett	rote Trauben	Violett

Jetzt sind Sie noch tiefer in der Entspannung als nur mit der Zahlentechnik. Bleiben Sie wieder einige Zeit so und zählen Sie sich dann erneut langsam wach.

Auch diese Variante ist bestens als Einschlafhilfe geeignet, viele meiner Seminarteilnehmer, die sie dafür einsetzen, sagen, sie schliefen meistens schon vor der Null ein und erwachten am nächsten Morgen erholter als sonst.

Genau diese Kombination aus Zählen und Farbvorstellung ist eine beliebte Möglichkeit, um sich zwischendurch zu entspannen. Es reichen fünf bis zehn Minuten aus, um wieder fit und neu gestärkt an die Arbeit zu gehen. Je öfter Sie die einzelnen Übungen gemacht haben, umso leichter werden sie Ihnen fallen und umso weniger Zeit werden sie natürlich in Anspruch nehmen. Anfangs werden Sie etwas mehr als zehn Minuten benötigen, aber nach wenigen Wochen kaum mehr fünf Minuten für denselben oder sogar einen noch besseren Effekt.

Wenn Sie diese Farbentspannungsmethode mit der liegenden Acht kombinieren, die ich Ihnen auf Seite 74 erkläre, dann haben Sie eine optimale Vorbereitung auf geistige Höchstleistungen. Man muss sich zwar erst einmal daran gewöhnen, aber nach zwei bis drei Wochen werden Sie gar nicht mehr darauf verzichten wollen.

Viele meiner Kunden aus Kreativberufen schwören auf genau diese Technik, wenn sie Blockaden haben und nicht vorwärtskommen. Wir senken hier nicht nur die Hirnfrequenz und vertreiben störende Gedanken, wir steigern auch die Kreativität und schaffen neue Energie für neue Gedanken.

Der Schlaf

Was leider auch meistens vernachlässigt wird, ist ein erholsamer Schlaf. Auch er gehört mit zu den Erholungspausen des Gehirns, denn im Schlaf hat es noch einmal die Möglichkeit, Gedanken zu sortieren und zu strukturieren. Außerdem spielt sich die Zellregeneration im Schlaf ab. Wenn wir also nicht gut genug schlafen, können wir nur schwer klar denken und nicht wirklich erfolgreich lernen. Dabei ist weniger die Dauer als eher die Qualität ausschlaggebend. Natürlich werden Sie nach länger anhaltendem Schlafmangel auch an Konzentrationsstärke einbüßen, aber fehlende Qualität macht sich noch früher und stärker bemerkbar. Es sind einfache Kleinigkeiten, die Ihren Schlaf deutlich verbessern können und die ohne große Mühe umzusetzen sind. Sie werden dann schon sehr schnell merken, dass Sie den ganzen Tag über erholter und auch aufmerksamer sind.

- Ihr Bett sollte möglichst in Nord-Süd-Richtung stehen, entsprechend dem Verlauf des Erdmagnetfeldes. Denn dann können sich unsere Zellen bei Nacht besser regenerieren und unser eigenes elektromagnetisches Feld kann sich wieder richtig ausrichten. Was hier vielleicht im ersten Moment unsinnig erscheint, ist aber sehr wichtig, um den Organismus leistungsfähig zu erhalten. Leider lässt nicht jeder Schlafraum vom Schnitt her diese Position zu, doch auch schon annähernd Nord-Süd ist wesentlich besser als Ost-West.

- Sorgen Sie dafür, dass es in Ihrem Schlafraum dunkel ist, denn solange zu viel Licht auf unseren Körper einwirkt, produziert er nicht genug vom Schlafhormon Melatonin.

- Lüften Sie vor dem Zubettgehen einmal gut durch oder schlafen Sie bei geöffnetem Fenster. Unsere Zellen brauchen bei Nacht zum Regenerieren und zur Neubildung ausreichend Sauerstoff.

- Meiden Sie am Abend vor allem Vitamin-C- und zinkhaltige Lebensmittel, da sie anregend auf den Organismus wirken.

- Nehmen Sie abends möglichst eiweißhaltige Nahrung zu sich, denn Aminosäuren sind elementar für die Produktion von Wachstums- und Schlafhormonen, die bei Nacht für die Zellregeneration gebraucht werden. So unterstützen Sie auch die Produktion neuer grauer Zellen.

- Trennen Sie möglichst alle elektrischen Geräte im Schlafzimmer vom Netz, um unnötige elektromagnetische Einflüsse von außen zu vermeiden.

- Wenn Sie Ihr Handy als Wecker benutzen oder einen Radiowecker, platzieren Sie sie bitte nicht in Kopfnähe. Die Schwingungen und Funksignale, die beide aussenden, können die natürliche Frequenz Ihres Gehirns stören und dadurch sowohl Ihre Erholung als auch Ihre Lernfähigkeit negativ beeinflussen.

Synchronisation der Gehirnhälften

Genauso wichtig wie eine niedrige Hirnfrequenz ist die Synchronizität in beiden Hirnhälften. Sie haben nicht nur einen Hirnpuls, nein, Sie haben zwei Gehirnhälften mit jeweils eigener Schwingung; je synchroner beide sind, umso besser. Um das zu erreichen, werden Sie sehr wahrscheinlich einige Zeit brauchen, es wird sich aber auf jeden Fall lohnen durchzuhalten. Denn haben Sie einmal eine niedrige und zugleich synchrone Hirnschwingung, werden Sie sich wundern, wozu Ihr Denkorgan überhaupt fähig ist. Zur Verdeutlichung wieder ein Beispiel aus dem Sport: Wenn ein Gewichtheber ein großes Gewicht mit nur einer Hand zu heben versucht, wird er bestimmt scheitern. Sobald aber beide Arme synchron zusammenarbeiten, wird er weder ins Schlingern kommen noch Probleme haben es auszubalancieren. Genauso verhält sich auch Ihr Gehirn.

Wie immer gilt auch hier: Als Basis müssen Sie in einem Raum ungestört sein können, um möglichst tief in die Entspannung zu kommen. Denn je weiter Sie Ihre Hirnfrequenz absenken, umso eingängiger sind Ihre Gedanken für Ihr Unterbewusstsein. Kommt dann auch noch die Synchronizität der Hirnhälften hinzu, besitzen Sie einen enormen Verstärker. Wie schon gesagt, dafür brauchen Sie schon einiges an Übung und vermutlich werden Sie anfangs nicht gleich die gewünschten Erfolge verbuchen können. Es lohnt sich aber auf jeden Fall dranzubleiben. Denn die damit zu erzielenden Effekte sind nun mal sehr viel wirkungsvoller als die der einzelnen Übungsteile. Je nach Bedarf können Sie natürlich auch die einfacheren Formen nutzen. Sie werden sehr schnell ein Gefühl dafür bekommen, wie intensiv Sie arbeiten müssen, um Ihrem Wunschergebnis am nächsten zu kommen.

Kinder brauchen diese Kombination noch nicht, da ihre Gehirne die inneren Bilder ohne Problem bestens erzeugen und auch halten können. Wo sich allerdings eine Konzentrations- oder Aufmerksamkeitsschwäche zeigt, ist gerade dieser aufwendigere Weg oft sehr hilfreich, um das innere Chaos in den Griff zu bekommen.

Aber nun möchte ich Sie nicht länger aufhalten.

Abbildung 1

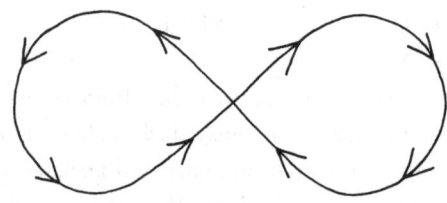

- Sorgen Sie für einige Minuten Ungestörtheit.
- Machen Sie es sich bequem.
- Achten Sie darauf, nichts zu überkreuzen.
- Schließen Sie die Augen.
- Beobachten Sie Ihre Atmung einige Zeit.
- Stellen Sie sich die liegende Acht vor.
- Beobachten Sie in Ihrer Vorstellung eine Bewegung in Form der liegenden Acht. Beginnen Sie dabei von der Mitte aus nach rechts oben.
- Die liegende Acht nun in Farbe je ein- bis dreimal.
- Rot
- Orange
- Gelb
- Grün
- Blau
- Lila

- Violett
- Nun lassen Sie die Acht wieder verschwinden und beginnen mit der Vorstellung der Zahlenreihe.
- 7 7 7 7 7 7 7   Rot
- 6 6 6 6 6 6   Orange
- 5 5 5 5 5   Gelb
- 4 4 4 4   Grün
- 3 3 3   Blau
- 2 2   Lila
- 1   Violett
- 0
- Jetzt stellen Sie sich Ihr Idealbild vor, das Sie sich vorher möglichst exakt ausgedacht haben. Je plastischer und realer die Visualisierung, umso erfolgreicher wird sie im Unterbewusstsein verankert. Versuchen Sie dieses Bild möglichst über mehrere Sekunden vor Ihrem inneren Auge zu halten.
- Nun zählen Sie sich wieder langsam wach.
- Öffnen Sie die Augen, atmen Sie tief durch und strecken Sie sich.

Wenn es um größere, für Sie sehr wichtige Projekte geht, die Sie auf diese Weise unterstützen möchten, wiederholen Sie diese Übung über weitere 20 Tage. Danach folgt der eigentlich schwierigste Teil: Sie müssen loslassen, versuchen Sie gar nicht mehr daran zu denken, was Sie in Ihrer Vorstellung geschaffen haben. Denn nur dann ist Ihr Unterbewusstsein auch wirklich davon überzeugt, bereits das gewünschte Ziel erreicht zu haben.

Diese Kombinationstechnik wende ich in leicht abgewandelter Form sogar bei Managern und Profisportlern zur Leistungssteigerung an. Doch Sie können aus verschiedensten Gründen immer wieder auf diese Technik zurückgreifen, die Bilder müssen dann nur entsprechend verändert werden. Ich habe Kunden, die sich so ihr Unterbewusstsein programmiert haben, um mit dem Rauchen aufzuhören oder auch als Unterstützung gegen den inneren Schweinehund während einer Diät.

Die eben erwähnten speziell abgewandelten Vorgehensweisen sind um einiges tiefer greifend als die vorhergehende Übung gehören aber vor allem in den Bereich des Mentaltrainings, das den Umfang dieses Buches sprengen würde. Trotzdem wird Ihnen in vielen Lebenssituationen diese Basistechnik ausreichen, um Ziele durch Visualisierung zu verankern.

Lernen lernen

Nicht das Lernen selbst ist das Problem, nein. Das Erinnern müssen wir lernen. In Ihrem Gehirn befindet sich alles, was Sie jemals gehört, gesehen, gelernt, gerochen, geschmeckt, gefühlt oder anderweitig wahrgenommen haben. Nur können Sie lange nicht alles finden – genau dieses Finden ist die Hauptaufgabe.

Informationen aufnehmen und wiederfinden

Wiederholen Sie wichtigen Stoff regelmäßig einige Zeit lang im Abstand von wenigen Tagen. Auch wenn Sie einmal zwischendurch nicht viel Zeit haben, versuchen Sie zumindest immer wieder an den Lernstoff zu denken, um ihn so weiter zu festigen. Am nächsten Tag ist aber wieder etwas intensiveres Arbeiten angesagt. Sobald Sie einmal etwas so vielfältig und stark wie möglich verankert haben, werden Sie es selbst nach Jahren noch mühelos abrufen können.

Mit der Zeit wird nicht nur die Verankerung im Langzeitgedächtnis durch das Training verbessert, sondern auch die Dauer der Merkfähigkeit im Kurzzeitgedächtnis. Darum sind die einzelnen Übungen verschieden stark auf Kurz- oder Langzeitgedächtnis ausgelegt, sodass Sie auf beiden Ebenen profitieren können. Egal mit welcher Gedächtnisart Sie schwerpunktmäßig trainieren wollen, die Entstehung neuronaler Verbindungen wird in jedem Fall angeregt. Es bleibt allerdings Fakt, dass alles, was garantiert ins Langzeitgedächtnis gehört, wiederholt werden muss. Je vielfältiger die Art der Wiederholung ist, umso besser, da wir dann wieder die Möglichkeiten der Multisensorik zusätzlich nutzen und für uns arbeiten lassen (siehe Seite 36). Nur was mehrfach durch Ihren Kurzzeitspeicher gegangen ist, hat die Chance, auch dauerhaft vernetzt zu werden. Ihr Gehirn erinnert sich bei Bedarf zwar immer wieder daran, ob etwas schon einmal aufgetaucht ist oder nicht, nur wo die Zusatzinformation abgelegt ist, bleibt im Verborgenen, wenn wir nur den Kurzzeitspeicher nutzen.

Ist eine Information im Langzeitspeicher abgelegt, müssen wir sie nicht mehr ständig wiederholen, um sie gegebenenfalls greifbar zu haben. Selbst ich trainiere nicht immer alle meine Möglichkeiten des Kopfrechnens, manchmal mache ich mehrere Wochen gar nichts. Bestimmte Themen wie die Wochentage habe ich sogar schon einige Jahre komplett vernachlässigt. Länger als acht Wochen habe ich aber selbst nach dieser Langzeitpause nie gebraucht, um meine alte Basisform wieder zu erreichen. Unser Gehirn kann sich sehr schnell daran erinnern, wo und wie die verschiedensten Wissensbereiche untergebracht sind. Wenn ich täglich aufs Neue alles durchzugehen versuchen würde, hätte ich kein Leben mehr, da würde mein Gehirn vermutlich aus reinem Selbstschutz auf null schalten, um nicht wahnsinnig zu werden. Es macht nichts, wenn Sie einige Zeit mit den verschiedenen Sparten pausieren. Die einzige Voraussetzung hierfür ist, dass Sie den entsprechenden Stoff im Langzeitgedächtnis genügend verankert haben, dann können Sie ohne Verluste alles wiederfinden und mit geringem Aufwand reaktivieren. Wiederholung ist also enorm wichtig, sollte aber nicht übertrieben werden, da ausreichende Pausen genauso elementar für das erfolgreiche Lernen sind.

Wie üben?

Es gibt viele verschiedene Möglichkeiten, die Sie wahrscheinlich gar nicht alle auf einmal nutzen können. Wenn Sie nach dem Lesen dieses Buches ein oder zwei Themenbereiche aussuchen und wirklich diszipliniert in Ihren Lernablauf einbauen, werden Sie schon nach kurzer Zeit Erfolge verzeichnen können. Nach und nach können Sie dann weitere Trainingsmöglichkeiten hinzufügen. Bitte bleiben Sie mindestens drei Wochen bei einer Übung. Man weiß, dass nach etwa 21 bis 28 Tagen das Unterbewusstsein so weit konditioniert wurde, dass es neue Abläufe automatisiert hat. Wenn Ihnen dann einzelne Übungen in Fleisch und Blut übergegangen sind, können Sie nach Belieben ein oder zwei weitere hinzufügen, wieder so lange, bis sie Gewohnheit sind. Sicher werden Ihnen die verschiedenen Übungen nicht gleich leicht- oder schwerfallen. Sie können sich daher auch für eine, bei der Sie größere Probleme haben, mehr Zeit nehmen. Bei manchen dauert es nun mal etwas länger, bis sie zur Gewohnheit werden.

Sie müssen jetzt keine Angst haben, dass Sie nach einigen Wochen täglich alle Übungen machen müssen. Sie sollen nur einmal alle Techniken kennenlernen, um dann nach Bedarf die richtige Kombination auswählen zu können. Das Einzige, worauf Sie bei der Übungszusammenstellung achten sollten, ist, die Vielfalt zu wahren. Hiermit meine ich, dass Sie beispielsweise eine Koordinationsübung mit Logikübungen verbinden und nicht mit einer zweiten Übung derselben Sparte. Denn je vielfältiger Sie üben, umso mehr neue Verbindungen muss Ihr Gehirn bilden und auch untereinander vernetzen.

Damit Sie auch die anderen wichtigen Komponenten wie Trinken, Ernährung und Bewegung, auf die wir hier noch zu sprechen kommen werden, nicht vergessen, finden Sie auf

Seite 81 eine Kontrollliste als Kopiervorlage, in der alles Wichtige enthalten ist. Achten Sie dabei darauf, nicht gleich am Anfang zu viel umsetzen zu wollen, es soll Ihnen ja Spaß machen, meine Tipps und Techniken anzuwenden, und keine zusätzliche Belastung in Ihrem Alltag bedeuten. Sie können die Liste ganz einfach als Strichliste führen. Achten Sie möglichst darauf, dass Sie täglich in jeder Sparte ein Kreuz machen können. Natürlich dürfen Sie sich einmal pro Woche einen Tag Pause gönnen. Sie sollten aber auch an diesen Tagen zumindest die kleinen Übungen – wie etwa das Zähneputzen mit der anderen Hand – durchführen. Suchen Sie sich ein paar verschiedene aus, auf die Sie gerade Lust haben. So können Sie den Überblick nicht verlieren und haben eine Kontrolle über Ihre Fortschritte.

Die richtige zeitliche Einteilung

Eine Frage der Konzentration

Ihr Gehirn kann sich höchstens 90 bis 120 Minuten am Stück auf eine Thematik konzentrieren. Wenn Sie trainiert sind, eventuell auch etwas länger, aber grundsätzlich gilt, dass nach eineinhalb Stunden eine Erholungsphase von 15 bis 30 Minuten mehr als sinnvoll ist. Deshalb bringt es auch nichts, am letzten Abend vor einer Prüfung verzweifelt alles lernen zu wollen, was man braucht. Nein, länger als höchstens zwei Stunden wird Ihr Gehirn sich nicht mit dem einen Fach beschäftigen. Dieser Zwang, unter Druck möglichst viel von nur einer Sache in sich aufzunehmen, verwirrt im Gegenteil sogar noch zusätzlich. Im schlimmsten Fall kann das sogar zu einem totalen Blackout führen, weil die einzelnen Fakten nicht gesichert und sortiert im Langzeitgedächtnis verankert sind. Die Aussichten, aus dem

Woche	Montag	Dienstag	Mittwoch	Donnerstag	Freitag	Samstag	Sonntag
Mind. 3 Liter getrunken							
Zucker gespart							
Gute Eiweiße gegessen							
Bunt gegessen							
An Zusatzstoffen gespart							
Gute Fette aufgenommen							
Sport oder extra Bewegung							
Stress vermieden							
Schlafqualität							
Stimmung							
Pausen eingehalten							
Synchronisationsübung							
Hirnfrequenzübung							
Kleine Übungen							

1 = gut   2 = mittel   3 = schlecht

Kurzzeitgedächtnis heraus zu bestehen, sind äußerst gering, denn wie der Name schon sagt, handelt es sich um einen Kurzzeitspeicher.

Allerdings lässt vielfach heute die Konzentrationsfähigkeit deutlich nach. Schüler können oft nicht einmal mehr fünf Minuten bei einer Sache bleiben. Und das geht in unserer hektischen Zeit mittlerweile sehr vielen Menschen so – ob Kindern, Erwachsenen oder auch Senioren. Unser Konzentrationsfokus wird durch die verschiedensten Faktoren beeinflusst. Die meisten von uns müssen erst einmal wieder lernen, sich zu konzentrieren und dabei auch über eine etwas längere Zeit zu bleiben.

Zu unterscheiden ist zwischen mangelnder Konzentration nach einiger Zeit angestrengten Denkens, die nichts anderes ist als ein Selbstschutzmechanismus unserer grauen Zellen, und dauerhafter Konzentrationsschwäche. Bei Letzterer handelt es sich eher um eine Gedächtnisschwäche, die mit den entsprechenden Übungen nach einiger Zeit wieder in den Griff zu bekommen ist. Es gibt die verschiedensten Gründe für solche dauerhaften Störungen, angefangen von Flüssigkeitsmangel bis hin zu hormonellen Veränderungen oder Schlafstörungen.

Darum wird auch jeder von Ihnen mit den einzelnen Übungen in diesem Buch andere Ergebnisse und unterschiedliche Erfolge erzielen. Viele von Ihnen werden schon allein durch das Befolgen meiner Ernährungs- und Trinktipps enorme Leistungssteigerungen zu verbuchen haben. Darum habe ich auch dieser Thematik ein Kapitel in diesem Buch gewidmet (siehe Seite 96 ff.).

Pausen sind wichtig!

Es mag vielleicht komisch klingen, aber nur wenn Sie ausreichend Pausen einlegen, können Sie optimal neues Wissen erlangen und dauerhaft zugänglich abspeichern. Denn in dieser Zeit hat das Gehirn die Möglichkeit, den zuvor geübten Stoff zu sortieren und mit Markern zur Wiedererkennung zu versehen. Die Pausen sind von enormer Bedeutung, da man selbst die Megaspeichermaschine Gehirn überlasten kann, wenn wir auch dafür geschaffen sind, alles als Erinnerung im Gehirn zu hinterlegen. Sobald wir unsere Grenzen zu sehr überschreiten, wird sich der Kopf wehren. Wir können nicht mehr richtig denken und verwechseln die verschiedensten eben noch erlernten Dinge.

Als Grundregeln gelten also:

- Regelmäßige Pausen alle 90 bis maximal 120 Minuten.
- Pausen sollten zwischen 15 und 30 Minuten dauern.
- Während der Pausen für Ablenkung sorgen.
- Die Pause am besten dazu nutzen, zu trinken und sich kurz zu bewegen, zwischendurch die Fenster öffnen, um wieder frischen Sauerstoff im Raum zu haben.
- Zwischen verschiedenen Themengebiete sollte abgewechselt werden.
- Egal wie viel noch zu tun ist, keinesfalls auf diese Pausen verzichten.

Dieser Vergleich mag jetzt vielleicht ziemlich dämlich klingen, aber stellen Sie sich einen Eimer voll Wasser vor, in den weiter frisches Wasser nachtropft. Das geht eine Weile gut, aber irgendwann beginnt der Eimer überzulaufen. Genauso kann es Ihrem Gehirn auch gehen, wenn Sie zu lange am Stück lernen oder sich auf dasselbe konzentrieren, da die Informationen wieder ungeordnet und unstrukturiert aus Ihrem Wissensspeicher laufen. Darum kommt es vor, dass man bei einer Prüfung versagt, obwohl man am Tag zuvor den ganzen Nachmittag gelernt hat – nicht weil man nicht gelernt hätte, nein, weil man zu viel auf einmal gelernt hat.

Machen Sie sich ruhig einen Zeitplan, an dem Sie sich entlangarbeiten können. Mein eigener Lernplan vor Wettkämpfen sieht wie folgt aus:

1. Tag	2. Tag	3. Tag
Potenzen	Pi	Zeitung rückwärtslesen
Joggen	Café	Potenzen
Winkelfunktionen	Logarithmen	Café
Café	Rad fahren	Je nach Lust und Laune gemischt
Wochentage	Grundrechenarten	Joggen

4. Tag	5. Tag	6. Tag
Rätsel	Zeitung in Englisch lesen	Pi
Café	Logarithmen	Rad fahren
Winkelfunktionen	Joggen	Je nach Lust und Laune gemischt
Sport nach Belieben	Potenzen	Café
Pi	Grundrechenarten	Wochentage

Mit diesem speziellen Training beginne ich ca. sechs Wochen vorher, ansonsten nehme ich mir jeden Tag eine Stunde am Nachmittag und knapp zwei Stunden am Abend zum Üben. Allerdings habe ich mir wieder abgewöhnt, bis unmittelbar vor dem Zubettgehen zu trainieren, das führte bei mir auf Dauer zu Schlafstörungen, und die sind ja bekanntermaßen kontraproduktiv.

Jede Einheit dauert bei mir zwischen 75 und 120 Minuten. Es kann auch mal vorkommen, dass ich auf eine halbe Stunde verkürze, wenn es nicht richtig läuft, denn dann funktioniert es an diesem Tag mit der Disziplin auch nicht mehr so gut. In so einem Fall improvisiere ich meistens oder lege mich vielleicht faul auf die Couch und sehe fern.

Beim Trainingspunkt Café gehe ich in die Stadt, setze mich irgendwo gemütlich ins Kaffeehaus oder in die Eisdiele. Dort lasse ich dann nebenbei verschiedene Zahlenkolonnen, die ich als Werkzeuge auswendig gelernt habe, durch den Kopf laufen. Denn nur wenn diese Werkzeuge perfekt und jederzeit greifbar sind, kann ich meine Leistungen zufriedenstellend erbringen.

Die Frauen unter Ihnen können diese Form des Trainierens wahrscheinlich besser verstehen als meine männlichen Leser. Frauen sind nun einmal wesentlich begabter, was Multitasking betrifft, ich musste es auch erst einmal lernen, gebe aber gern zu, dass genau diese Fähigkeit für effektives und erfolgreiches Lernen ausschlaggebend ist. Leider bin ich noch lange nicht so gut wie viele Frauen, aber ich werde mich weiter darin üben, Verschiedenes gleichzeitig zu tun, ohne dass die Qualität darunter leidet.

Den Männern unter meinen Lesern kann ich nur raten, beobachten Sie einmal, wie vielfältig die Tätigkeiten sind, die Ihre Frau gleichzeitig ausübt; wir können viel von den Frauen lernen.

Kombination mit Emotionen und Gefühlen

Im Kapitel Multisensorik (siehe Seite 36) habe ich Ihnen schon anhand des 11. September gezeigt, wie sich über die Kombination mit Emotionen verschiedenste Gedanken zu einem Ganzen vereinen und sich so dauerhaft verankern können. Emotionen sind einer der stärksten Marker für Wahrnehmungen, denn sie sprechen mehrere Sinne gleichzeitig an. Sobald Sie bestimmte starke Gefühle mit einem Ereignis oder einer Information verbinden, wird das gesamte Konstrukt um diese Emotion sehr leicht wieder abzurufen sein. Wenn Sie die bisher wichtigsten und emotionalsten Situationen Ihres Lebens Revue passieren lassen, können Sie sich mit größter Wahrscheinlichkeit auch an eigentlich unwesentliche Fakten bestens erinnern.

Hierin liegt eine der Hauptmöglichkeiten für besseres Sicherinnern. Sie haben sich bestimmt schon oft gefragt, wie es möglich ist, dass manche Leute einfach keine Namen oder Situationen vergessen und sich auch an Kleinigkeiten erinnern, die ihnen längst nicht mehr präsent sind. Diese Menschen nutzen meist unbewusst die Möglichkeit, Fakten mit Gefühlen oder anderen Ereignissen zu verbinden. Oder sie formulieren Abläufe als gut zu merkende Geschichte, in der dann die entsprechenden Informationen enthalten sind. Auch scheinbar unsinnige »Handlungen« wie bei meinem Einkaufszettel-Beispiel (siehe Seite 40) sind für Ihr Gehirn attraktiv, weil gerade diese scheinbare Unsinnigkeit es herausfordert und somit eine höhere Priorität für das Abspeichern des Weges zur Wiederbeschaffung erhält. Sie können sich Ihr Gehirn wie ein riesiges Haus mit unzähligen Räumen vorstellen. In manchen sind Regale und Schubladen, manche sind auch komplett leer. Auf verschiedenen Stockwerken gibt es Wegweiser, in anderen nicht. In manchen Teilen des Gebäudes kennen Sie sich aus, doch von vielen wissen Sie nicht, was dort verborgen ist.

Wenn Sie sich zu erinnern versuchen, stehen Sie am Eingang des Hauses, ohne zu wissen, in welchem Raum, in welchem Schrank, in welchem Karteikasten Sie das Gesuchte finden könnten. Sie werfen also einen Blick in jedes Zimmer, um abzuwägen, ob es hier verborgen liegen könnte. Es ist wie bei der berühmten Suche nach der Nadel im Heuhaufen, wenn Sie keinen Anhaltspunkt für den Verbleib der gesuchten Information haben. Diese ziellose Sucherei wird Ihnen nicht weiterhelfen, denn schon Bruchteile von Sekunden später wird Ihnen ein anderer Gedanke durch den Kopf schwirren, der Sie wieder ablenkt.

Sie brauchen also eine Art Lageplan, wo Sie was abgelegt haben, um überhaupt eine Chance zu bekommen, Ihr Ziel zu erreichen. Darum müssen Sie bereits im Moment des ersten Abspeicherns eine Spur des Gedankens am Eingang zurücklassen. Haben Sie etwas mit mehreren Sinnen wahrgenommen, so haben Sie schon von Anfang an mehrere Fährten hinterlassen und dadurch die Möglichkeit geschaffen, die gesuchte Information wiederzufinden. Sie hinterlegen quasi eine Wegbeschreibung an verschiedenen Orten Ihres Gehirns, sodass Sie von jedem Punkt aus, an dem solch eine Landkarte zu finden ist, auch wieder die Chance haben, die gewünschte Information zu erhalten.

Haben Sie etwa innerhalb einer Thematik etwas mit höherer Priorität zu verankern, so lernen Sie diese Dinge zusätzlich noch auf andere Art und Weise. Damit meine ich, beispielsweise die wichtigsten Stichworte zusätzlich in der Badewanne durchzugehen. Dieses vielleicht etwas komische Beispiel soll Ihnen zeigen, dass die Verknüpfung in Ihrem Gehirn desto vielfältiger sein wird, je unterschiedlicher die umgebenden Sinneseindrücke gegenüber dem normalen Lernumfeld. Nutzen

Sie darum ruhig auch die »unsinnigsten« Möglichkeiten für wichtige Dinge, denn so können Sie sicher sein, sie immer abrufbereit verknüpft zu haben. Sie müssen sich nur stets im Klaren darüber sein, wie flexibel Ihr Gehirn arbeiten kann, Sie müssen ihm die Möglichkeiten bieten, sich zu entfalten, und alle Verknüpfungsmöglichkeiten in Betracht ziehen. Denken Sie zum Beispiel daran, dass man sich früher, als man noch Stofftaschentücher verwendete, einen Knoten ins Taschentuch gemacht hat, um etwas Wichtiges nicht zu vergessen – so hatte man eine Gedankenstütze. Bei Kindern kann es beispielsweise helfen, wenn beim Lernen eine schwierige Aufgabe bewältigt wurde, einen Fingernagel farbig zu machen, als eine Art Marker, der die Vorgehensweise oder das Wissen immer wieder bereitstellt, sobald dieser farbige Fingernagel wahrgenommen wird.

Wichtigen Stoff speichern Sie außerdem besonders gut ab, wenn Sie in bester Laune sind, während Sie ihn erarbeiten. Je besser Ihre Stimmung, umso leichter fällt es Ihnen dann auch wirklich, schwierige oder ungeliebte Dinge zu bewältigen. Denn bei einem Gefühl von Wohlbefinden werden zusätzliche Gehirnareale aktiviert, die Ihnen beim Wiederfinden der Lerninhalte helfen können. Genauso unterstützt Sie in solchen Momenten Ihr eigener Hormonhaushalt, denn wenn es uns gut geht, schütten wir einen Hormoncocktail aus, der unseren ganzen Körper und vor allem das Gehirn zu Höchstleistungen anregt. Egal wie uninteressant das Thema ist, mit Euphorie macht man sich selbst bei trockener Thematik gern freiwillig an die Arbeit. Auch hier verankern Sie das Wissen durch den Einsatz möglichst vieler verschiedener Bereiche und Handlungen besser.

Wenn Sie also etwas abschreiben, hinterlassen Sie einen Marker beim Sinneseindruck Lesen, aber auch im »Ordner« für

Schreibbewegung. Darum ist das Abschreiben immer noch eine der besten Möglichkeiten, wenn man sich etwas nicht merken kann. Schreibt man dann auch noch sehr klein, liegt die zusätzliche Konzentration auf der geringen Schriftgröße und das zu Erlernende verankert sich umso besser. Dass das funktioniert, hat jeder schon einmal erlebt. Alles, was wir mühsam möglichst klein auf einen Spickzettel gekritzelt hatten, wussten wir dann garantiert in der Prüfung auch so. Nur leider konnte man nicht das ganze Lehrbuch auf ein Mäppchen quetschen. Es ist darum absolut sinnvoll, sich Wichtiges von Hand und nicht am Computer zu notieren. Genauso ist es besser, einen klassischen Terminkalender zu benutzen und dort seine Einträge zu machen.

Zwar führen wir aus organisatorischen Gründen unseren Kalender und unsere Adressliste auch im PC, damit die Leute, die eng mit uns zusammenarbeiten, Einblick in unsere Zeitplanung nehmen können, aber gleichzeitig wird alles nochmals handschriftlich festgehalten. So hat man meistens ein sehr gutes Gefühl dafür, wann noch Freiräume sind. Früher war ich immer der absolute Zettelchaostyp, es war dann auch immer egal, ob ich diese Zettel verlegt hatte oder nicht. Ein Notizbuch passt in jede Tasche, es kann weder abstürzen, sodass Daten verloren gehen, noch von einem Kollegen aus Versehen gelöscht werden. Wenn Sie es nicht mehr gewohnt sind, solche Eintragungen per Hand zu machen, wird diese Veränderung einen zusätzlichen Effekt haben, da Sie ja etwas Neues tun. Mittlerweile gibt es ja wirklich wunderschöne Exemplare, in die zu schreiben richtig Spaß macht. Wenn Sie dann noch Ihren eigenen schönen Füller oder Kugelschreiber verwenden, dann wird jeder Buchstabe einen sehr viel höheren Stellenwert in Ihren Gedanken haben als kurz nebenbei in den PC Getipptes.

Zielprogrammierung

Ihr Unterbewusstsein ist der Schlüssel zu Ihrem Verhalten und Ihrem Können. Wenn Sie sich ein bestimmtes Ziel innerlich als Idealsituation schaffen und sie auch erhalten können, haben Sie enorme Möglichkeiten, Ihr Unterbewusstsein zu programmieren, sodass vieles einfacher und auch effektiver zu erreichen ist. Ihr Unterbewusstsein weiß nämlich schon, was es tun muss, um Ihr Bewusstsein auf dieses Idealbild hin auszurichten. Dadurch werden Sie so gelenkt, dass dieses Gedankenbild real wird. Ganz ohne Lernen werden Sie allerdings auch bei dieser Methode nicht erfolgreich sein, aber in Kombination sind die gewünschten Werte greifbarer als vielleicht gedacht.

Allerdings sollten Sie diese Form der Zielprogrammierung nicht als letzte Rettung unmittelbar vor einer Prüfung ansehen, sondern eher als Hilfsmittel schon während der Vorbereitung. Ich empfehle Ihnen darum, bereits ein paar Tage vor dem Termin diese Technik der Zielprogrammierung anzuwenden. Dann hat Ihr Unterbewusstsein auch wirklich die Chance, Ihre Vorstellung aufzunehmen und umzusetzen. Denken Sie in der Zeit bis zur Prüfung immer wieder an Ihr Idealbild. Dieses Erinnern soll Ihr Bewusstsein stärken und die unnötige Angst eindämmen. Was wiederum die Selbstsicherheit stärkt und somit gleichzeitig die Lernfähigkeit unterstützt. Denn wenn Sie nicht durch Zweifel blockiert werden, kann Ihr Gehirn selbst alles so vorteilhaft wie möglich abspeichern und verbinden.

Bevor Sie mit der Entspannungsphase beginnen, überlegen Sie sich ganz genau, welches Ergebnis Sie sich von der Prüfung erhoffen, denn im Entspannungszustand sollten Sie ein möglichst genaues gedankliches Bild des Ergebnisses zeichnen können. Die Vorgehensweise ist inzwischen schon bekannt:

- Sorgen Sie dafür, dass Sie ein paar Minuten ungestört sind.
- Setzen oder legen Sie sich entspannt hin.
- Achten Sie darauf, weder Arme noch Beine zu überkreuzen.
- Schließen Sie die Augen.
- Beobachten Sie Ihre Atmung einige Zeit lang.
- 7 7 7 7 7 7 7   Rot
- 6 6 6 6 6 6   Orange
- 5 5 5 5 5   Gelb
- 4 4 4 4   Grün
- 3 3 3   Blau
- 2 2   Lila
- 1   Violett
- 0
- Stellen Sie sich nun möglichst plastisch das Ergebnis vor, das Sie erreichen möchten, und versuchen Sie es möglichst lange in Ihrer Vorstellung zu halten. Je vielfältiger und genauer, umso besser.
- Beginnen Sie sich ganz langsam wieder wach zu zählen mit dem bewussten Gedanken, das Ziel zu erreichen.
- Strecken Sie sich und atmen Sie tief durch, ab nun versuchen Sie den Gedanken an das soeben gezeichnete Bild loszulassen.
- Wenn die Angst wieder aufkeimen will, erinnern Sie sich an Ihre Vorstellung im Entspannungszustand.

Die zweite Variante ist, die Angst selbst zu minimieren. Ich sage bewusst minimieren, denn vollkommen angstfrei wird keiner von uns in wichtige Tests gehen. Dieses Mindestmaß an Angst ist auch gut, damit man nicht übermütig wird, nur eine beklemmende Wirkung sollte keinesfalls davon ausgehen. Sie haben gearbeitet, Sie haben alles Ihnen Mögliche getan, um eine gute Bewertung zu erreichen oder einen möglichst perfekten

Vortrag zu halten. Sie haben vielleicht sogar schon vor Tagen die Zielprogrammierungsübung durchgeführt, um auch Ihr Unterbewusstsein auf Ihre Seite zu ziehen.

Ihr Wissen ist umfassend genug, damit Sie brillieren können, Ihre Angst ist also überflüssig. Daher gehen wir genau gegen dieses flaue Gefühl in der Magengegend nun vor. Wenn Sie unter starken Beklemmungen oder unter Lampenfieber leiden, werden Sie ein bisschen üben müssen, um das gewünschte ruhige und entspannte Auftreten zu erreichen, aber von Mal zu Mal wird es leichter und Sie können immer relaxter an Ihre Aufgabe herangehen.

Als kleiner Tipp zu dieser Übung: Sprechen Sie sich diesmal am besten die Zahlenreihe mit den Texten auf Band oder auf Ihr Handy, sodass Sie entspannt zuhören können und sich nicht noch auf den Wortlaut konzentrieren müssen. Versuchen Sie bitte auch die Farbe ein Stück weit in die auf die Zahlen folgenden Worte hinein vor Ihrem inneren Auge zu halten:

- Sorgen Sie dafür, dass Sie ein paar Minuten ungestört sind.
- Entspannen Sie sich.
- Achten Sie darauf, nichts zu überkreuzen.
- Schließen Sie Ihre Augen.
- Beobachten Sie eine Weile Ihre Atmung.
- 7 7 7 7 7 7 7   Rot
- Alles ist in Ordnung, ich bin ruhig und entspannt.
- 6 6 6 6 6 6   Orange
- Ich werde alle Aufgaben bestens meistern.
- 5 5 5 5 5   Gelb
- Ich überzeuge mit meinem Auftreten und meiner Leistung.
- 4 4 4 4   Grün
- Es ist alles in Ordnung.
- 3 3 3   Blau

- Ich bin perfekt vorbereitet und beherrsche meine Aufgabe.
- 2 2   Lila
- Mein Wissen und Können ist gefestigt.
- 1   Violett
- Ich bin entspannt und alles ist in Ordnung.
- 0
- Bleiben Sie wieder kurze Zeit in der Entspannung.
- Zählen Sie sich langsam wieder wach.
- Strecken Sie sich und atmen Sie tief durch.

Nun sollten Sie ruhig genug sein, um ohne große Ängste an Ihre Aufgabe heranzugehen. Diese Übung können Sie natürlich auch für andere Ziele als nur für Prüfungen einsetzen. Sie sollten sich nur, wenn Sie etwas abändern, vorher genau den Wortlaut überlegen. Er sollte folgende Grundregeln berücksichtigen:

- in der Gegenwart (programmiert man für die Zukunft, wird das Ziel vom Unterbewusstsein aus auch immer in der Zukunft liegen),
- in der Ich-Form (wenn man nicht im Ich programmiert, erkennt das Unterbewusstsein nicht, dass der Satz für einen selbst gilt),
- keine Verneinungen (die kennt unser Unterbewusstsein nicht; beim Satz »Ich habe keine Angst« würde ich genau das Gegenteil erreichen, denn das Unterbewusstsein hat zwar ein Bild für »Angst« aber keines für »keine«).

Um diese Techniken noch zu verstärken, verbindet man die Zahlenkombinationen mit der liegenden Acht. Es braucht allerdings schon ein bisschen Übung, um beide Bilder (keine Angst + bestimmtes Ergebnis) richtig miteinander zu kombinieren. Sobald Ihnen das allerdings gelingt, können Sie jegliche Zielprogrammierung in Angriff nehmen. Und zwar nicht nur um Prüfungsangst zu bekämpfen oder Ihr Selbstbewusstsein zu stärken. Diese Kombination lässt sich in vielen Bereichen des Lebens unterstützend einsetzen, in denen klare Ziele und Vorstellungen vorgegeben sind.

Wie schon bei der einfachen Visualisierungstechnik sollten Sie auch hier im Vorfeld klar und möglichst detailliert Ihr Ziel definieren. Lassen Sie sich dafür genügend Zeit und überlegen Sie sich jede Kleinigkeit genau, um dann in der wichtigen Programmierungsphase ein für Sie möglichst perfektes Bild vor Ihrem inneren Auge aufbauen zu können.

Wie umgehen mit Prüfungsangst

Um nochmals auf den Spickzettel zurückzukommen: Da man sich meistens an alles erinnert, was man darauf geschrieben hat, ist er ja in der Prüfung eigentlich total unnütz, aber er gibt auf jeden Fall ein Gefühl der Sicherheit und nimmt ein gutes Stück der Angst vor Versagen. Klassenarbeiten, Prüfungen, Klausuren und Tests sind ja wieder gesondert zu betrachten. Sie versetzen viele Menschen in eine starke Stress-Situation, die teilweise zur totalen Denkblockade führen kann. Der eine erträgt allein den Gedanken an eine Prüfung nicht, der andere bleibt souverän bis zu dem Moment, da sie beginnt und der Zeitdruck losgeht. Meine Freundin etwa fiel mehrfach durch die praktische Führerscheinprüfung, weil sie es nicht ertragen kann, wenn man sie beobachtet, um sie dann zu bewerten. Oft denke ich nicht daran, aber kaum schaue ich ihr bei ihrer Arbeit am Computer über die Schulter, kann sie kein Wort mehr schreiben, ohne mehrere Fehler zu machen. Oder sie muss ganz aufhören zu arbeiten, da sämtliche Gedanken Amok laufen und nur noch Chaos im Kopf herrscht.

Diese Prüfungs- und Kontrollangst kann einen Menschen in seinem ganzen Können vollkommen einschränken. Das Hauptproblem hierbei ist, dass diese Angst in uns selbst entsteht. Wir sind die allein Verantwortlichen für diese Blockaden. Nur wir entscheiden, ob wir uns durch Angst in unseren Handlungen beeinträchtigen lassen oder nicht.

Darüber müssen Sie sich klar werden, denn nur wenn Sie wirklich verstehen, dass die Angst vor dem Versagen in Ihnen selbst geboren wird, können Sie sie besiegen. Es gibt keinen Grund, sich durch eigene Gedanken fertigzumachen und so unnötig Unbehagen zu erzeugen.

Bei Prüfungsängsten kann Ihnen auch die Farbentspannungsmethode sehr gut helfen, Sie müssen die Übung nur leicht abgewandelt (siehe Seite 92) ausführen. Natürlich kann ich Ihnen nicht garantieren, dass Sie von jeglicher Prüfungsangst sofort befreit sein werden, aber auch hier hilft ständiges Wiederholen.

Wer hier unter konstanten Problemen leidet und mit der Selbstprogrammierung auch nach häufigem Wiederholen keinen Erfolg erzielt, der sollte sich vertrauensvoll an einen Hypnosetherapeuten wenden.

Fit fürs Lernen – was außerdem dazugehört

Intelligenz kann man essen

Mit unserer modernen zusatzstoffreichen und zuckerlastigen Ernährung tun wir unseren Zellen und vor allem auch unserem Gehirn nichts Gutes. Unser Körper ist im Laufe der Evolution auf andere Nährstoffe gepolt worden, als die, die wir ihm tagtäglich zuführen. Der gesamte Organismus wird es Ihnen danken – angefangen bei einer glatten, prallen, reinen Haut bis hin zum erholsameren Schlaf und besserer Konzentration –, wenn Sie ihn nur ein wenig unterstützen.

Bestimmte Nährstoffe sind für das Gehirn besonders wichtig, andere lähmen es geradezu. Dieses Kapitel enthält Tipps für eine Ernährung, die nicht nur das konzentrierte Denken unterstützt, sondern auch einen vitalisierenden Effekt auf Ihren ganzen Organismus hat.

Wenn wir uns nicht richtig versorgen, bringen alle Anstrengungen lange nicht die Ergebnisse, die möglich wären. Keiner würde in einen Ferrari Altöl kippen, aber wir machen genau das tagtäglich mit uns selbst und unseren Familien. Wir sind hoch entwickelte Organismen, die zwar auch ohne die richtige Ernährung existieren können, nur eben mit entsprechenden Einschränkungen oder sogar Folgeerkrankungen.

Ich will Ihnen hier weder etwas verbieten noch etwas aufzwingen. Ich gebe Ihnen nur eine Übersicht über das Beste, das Sie für sich selbst ganz leicht tun können. Auch Ihr Körper wird es Ihnen danken, vielleicht werden Sie sogar das eine oder andere überflüssige Pfund oder die regelmäßig wiederkehrenden Kopfschmerzen los. Ob Sie sich für oder gegen das Einhalten meiner Ratschläge entscheiden, liegt allein bei Ihnen, aber auch ich befolge für meine Höchstleistungen diese Regeln.

Darum möchte ich mich gleich hier an dieser Stelle bei Werner Langbauer, Werner Winkler und Rudolf Keil für ihre Unterstützung bei der Erstellung meiner optimierten Ernährungspläne herzlich bedanken. Ich glaube, ohne diese wirklich genialen Menschen und ihr riesiges Wissen über Nährstoffe und biochemische Vorgänge würde ich um einiges länger brauchen, um mich zu regenerieren. Ich habe durch meine jahrelange Erfahrung im Bodybuilding zwar schon ein gutes Basiswissen gehabt, aber es steckt weitaus mehr dahinter, als man sich vorzustellen vermag.

Gerade im Bereich der Ernährung, der uns alle betrifft, kann jeder von uns nicht nur für seinen Körper, sondern auch für sein Gehirn und somit für die eigene Denk- und Lernleistung etwas tun. Wir denken selten darüber nach, was wir zu uns nehmen, welche Inhaltsstoffe wir brauchen und welche wir möglichst meiden sollten. Wir merken ja nicht sofort, was unser Wohlbefinden fördert und was nicht. Wenn wir auf ein Lebensmittel allergisch reagieren, stellen wir den Ernährungsfehler sehr schnell fest, aber dass uns der dauerhafte, langjährige Konsum bestimmter Stoffe schadet, bleibt meist im Verborgenen. Oft bringt man die auftretenden Beschwerden noch nicht einmal mit dieser Nahrung in Verbindung.

Wenn Sie sich einen erfolgreichen Sportler anschauen, werden Sie feststellen, dass er außer auf Bewegung auch großen Wert auf die Ernährung legt. Hier liegt der Schlüssel für die uns von der Genetik in die Wiege gelegten Maximalleistungen unseres Organismus. Das Wichtigste sollte natürlich immer der Genuss sein, denn wenn das Essen zwar gesund ist, aber nicht schmeckt oder nur einen Kompromiss darstellt, wird auch diese Nahrung Ihrem Körper nicht das geben können, was er braucht. Die Kunst liegt darin, möglichst viele verschiedene gute Inhaltsstoffe zu sich zu nehmen und weniger gute weitestgehend zu meiden, ohne dass der Genuss zu kurz kommt.

Ich möchte Ihnen mit diesem Kapitel vor allem nahebringen, wie Sie sich und Ihrer Familie ohne großen Aufwand Gutes tun können. Ihr Körper wird Sie auf vielfältige Weise belohnen. Dabei müssen Sie nicht alles sofort umsetzen, sondern am besten führen Sie nach und nach die verschiedenen Änderungen durch. Gehen Sie bei der Reihenfolge am besten so vor:

- Alles, was Ihnen schadet, vermeiden: z. B. Glutamate.
- Was Ihren Organismus belastet, vermeiden: z. B. gesättigte Fette.
- Was Ihnen guttut: z. B. Mikronährstoffe.

Wenn Sie sich an diese Reihenfolge halten, unterstützen Sie Ihren Organismus bestmöglich. Denn es hat keinen Sinn, etwa ein Algenpräparat einzunehmen, aber weiterhin den Zuckerkonsum auf einem viel zu hohen Niveau zu halten.

Wasser – das wichtigste »Lebensmittel«

Am wichtigsten ist für alle Lebewesen Wasser. Unser Körper besteht zu über 70 Prozent daraus, darum brauchen wir als Erstes ausreichend Wasser. Und wenn ich Wasser sage, meine ich auch Wasser.

Schon ein geringer Wassermangel von gerade mal fünf Prozent führt zu einem Leistungsabfall in unserem Gehirn von ungefähr 20 Prozent. Darum empfehle ich jedem, täglich mindestens zwei Liter zu trinken, bei körperlicher Anstrengung, Hitze oder auch der trockenen Heizungsluft im Winter entsprechend mehr. Wie wichtig Wasser ist, muss ich immer wieder aufs Neue erkennen. Eine sehr gute Freundin arbeitet in einem Altenheim, die meisten Bewohner leiden unter Altersdemenz. Wer sich je mit dieser Krankheit auseinandergesetzt hat, weiß, dass der Schweregrad der Ausprägung von Tag zu Tag stark variieren kann. Deswegen wird im Altenheim extrem darauf geachtet, dass die Menschen genug trinken. Da im Alter das Durstgefühl nachlässt, kann es durchaus vorkommen, dass es manchmal lediglich ein halber Liter oder noch weniger ist. Da braucht man sich nicht zu wundern, dass schon eine ausreichende Trinkmenge die Ausprägung der Krankheit erheblich abschwächt.

Sie müssen bedenken, dass jede unserer Zellen mit Flüssigkeit gefüllt ist, und wenn Sie Ihrem Körper nicht genügend Flüssigkeit zuführen, trocknen Sie langsam, aber sicher Ihre Zellen aus, was sich auch an der Haut bemerkbar macht. Der Mangel führt dazu, dass zum einen die Zellerneuerung sehr viel langsamer vonstatten geht, dass aber auch Nervenreize wesentlich langsamer verarbeitet werden. Selbst Reparaturarbeiten in Ihrem Körper finden nur noch eingeschränkt statt, wenn ihm Flüssigkeit entzogen wird.

Am verheerendsten wirkt sich Wassermangel übrigens am nächsten Tag aus. Darum vor allem auch am Wochenende darauf achten, dass Sie genug trinken, sonst geht die neue Woche nicht so gut los. Hören Sie auf die Signale Ihres Körpers. Spätestens wenn Sie Durst verspüren, ist es höchste Zeit, wieder nachzufüllen, denn er ist ein Signal, das erst bei einem schon bestehenden Mangel auftritt. Lassen Sie es am besten gar nicht so weit kommen. Wenn Sie Probleme mit der Menge haben, stellen Sie sich einen Kurzzeitwecker oder Ihr Handy jede Stunde auf Alarm und trinken dann ein Glas Wasser. Versuchen Sie, jede Woche täglich ein Glas mehr zu trinken als sonst, so kann sich der Körper nach und nach anpassen.

Aber bitte übertreiben Sie es auch nicht – in den USA ist es nach Wetttrinken schon zu Todesfällen gekommen, da der Elektrolythaushalt des Körpers bei einem Zuviel empfindlich gestört werden kann. Wenn Sie schon bei zwei bis drei Litern angekommen sind, sollten Sie sich darum nicht zu mehr zwingen.

Bei Kopfschmerzen genügt es oft, ein oder zwei Glas Wasser zu trinken, da auch Kopfschmerzen oder Muskelverspannungen ein Schrei nach Wasser sein können. Wenn Sie jemals unter Nierenstechen gelitten haben, wissen Sie, dass wenige Schlucke bereits Linderung verschaffen.

Falls Sie Probleme mit reinem Wasser haben, geben Sie ein paar Spritzer Zitronen- oder Fruchtsaft dazu oder trinken Sie am besten verschiedene Tees, die zum Teil sogar noch leistungssteigernd wirken, je nach ihren Inhaltsstoffen.

Nehmen Sie möglichst Abstand von süßen Getränken, auch von Säften oder Süßstoffhaltigem. Wenn Sie Ihr Wasser mit Fruchtsaft zu sich nehmen, achten Sie bitte darauf, dass keine Zuckerzusätze enthalten sind, und verwenden Sie maximal 20 Prozent Saft für Ihre Schorle. Süßes liefert nicht nur unnötige Kalorien, sondern führt nach einem kurzen Leistungshoch zu einem direkt anschließenden Leistungstief; so wird die Gier nach Süßem nur noch weiter geschürt und ein körperlicher wie auch geistiger Teufelskreis beginnt.

Zucker

Versuchen Sie Ihren Zuckerkonsum zu drosseln! Alles, was süß schmeckt oder Stärke enthält, löst beim Verzehr die Ausschüttung von Insulin aus. Mit unserer heutigen Ernährung nehmen wir ein Vielfaches der empfohlenen und noch gesunden Menge an Zucker zu uns. Anhand der folgenden kleinen Liste möchte ich Ihnen ein Gefühl für die eigene Zuckeraufnahme vermitteln. Hierbei handelt es sich nur um offensichtlich zuckerhaltige Lebensmittel. Zum Vergleich: Etwa 14 Gramm pro Tag sind ausreichend für einen Menschen, wir konsumieren aber teilweise mehr als 100 Gramm täglich.

- 1 Stück Würfelzucker = 3 Gramm
- 1 Liter Fruchtsaft = ca. 40 Würfelzucker
- 1 Liter Cola = ca. 36 Würfelzucker
- 100 Gramm Nougat = ca. 22 Würfelzucker
- 1 Tafel Vollmilchschokolade = ca. 13 Würfelzucker
- 100 Milliliter Tomatenketchup = ca. 8 Würfelzucker
- 150 Gramm Fruchtjoghurt = ca. 4 Würfelzucker

Sie sehen also, dass Sie Ihren Körper unter Dauerstress setzen können, weil er ständig Insulin produzieren muss. Dieses Hormon brauchen wir, um jede Form von Zucker, ob aus Cola, Obst oder aus Nudeln, zu verstoffwechseln. Ist der Zucker im Blut verarbeitet, sinkt auch schon wieder unser Leistungsniveau und wir werden müde. Haben wir mehr Insulin ausgeschüttet, als nötig war, fallen wir sogar in ein noch tieferes Loch und Heißhunger auf Kohlenhydrate wird ausgelöst, damit der Körper das noch vorhandene Insulin wieder loswird. Darum ist der viel gepriesene Traubenzucker nicht geeignet, um unsere Denkleistung zu stärken, sondern bewirkt genau das Gegenteil. Greifen Sie lieber zum altbewährten Studentenfutter. In den enthaltenen Trockenfrüchte stecken zwar enorme Mengen an Zucker, er ist aber auf natürliche Weise durch Reifung entstanden und gleichzeitig beinhalten die Früchte auch noch wertvolle Ballaststoffe, die Ihren Darm unterstützen und darum sogar gut für

Ihr Immunsystem sind. Nüsse und Kerne liefern wertvolle Fettsäuren und gutes Vitamin E, beides unterstützt im Gegensatz zu Zucker wirklich Ihr Gehirn.

Fette

Das Gehirn besteht zu einem Großteil aus Fetten, genauer Cholesterin. Darum ist es enorm wichtig, dass wir uns ausreichend mit Omegafetten versorgen. Zu viel ist zwar auch hier nicht gesund, aber die tägliche Handvoll Nüsse – bitte ungesalzen –, hochwertiges Pflanzenöl (ca. ein bis drei Esslöffel z. B. von Olivenöl) und auch Fisch sind in normalen Portionen sehr wichtig für viele Vorgänge in Körper und Gehirn. Von diesen Fetten werden Sie auch – sofern Sie nicht übergroße Mengen konsumieren – bestimmt nicht zunehmen, sogar das Gegenteil ist der Fall, denn nur wenn Ihr Körper ausreichend mit Omegafetten versorgt ist, kann er lästige Fettdepots angreifen und verkleinern.

Eiweiß

Der wohl elementarste Nährstoff, den wir nach Wasser für Körper und Geist benötigen, ist Eiweiß oder auch Aminosäuren genannt. Es ist für jeden Vorgang in unserem Körper, vom Haarwachstum über die Zellregeneration bis hin zur Hormonproduktion, notwendig. Fett und Zucker kann er aus Fetten, Zucker oder Eiweiß über Umbauprozesse selbst herstellen, Aminosäuren nicht. Sie müssen wir mit der Nahrung aufnehmen, um ausreichend versorgt zu sein. Darin besteht auch das Hauptproblem bei Reduktionsdiäten – achtet man hier nicht auf eine wirklich genügende Zufuhr von guten Eiweißen, nimmt man an Muskelmasse ab. Da der Körper für jeden Stoffwechselvorgang Eiweiß benötigt, wird er bei einem Mangel die körpereigenen Eiweißdepots in den Muskeln anzugreifen beginnen und sich sozusagen selbst verstoffwechseln. Die tägliche Menge von 1 bis 1,5 Gramm reinem Eiweiß pro Kilogramm Körpergewicht sollten Sie nicht unterschreiten Für Kinder und Jugendliche genauso wie für Schwangere, körperlich schwer Arbeitende, Sportler oder auch während einer Diät sind sogar 2 bis 3,5 Gramm pro Kilogramm Körpergewicht ratsam. 125 Gramm Magerquark enthalten rund 17 Gramm reines Eiweiß, ein Weizenbrötchen nur ca. 3 Gramm.

Aber warum ist gerade Eiweiß so wichtig für die Denkleistung? Unsere Zellen teilen sich regelmäßig alle 28 Tage, mit dem Altern verlangsamt sich sowohl dieser Prozess als auch der der Zellregeneration. Für die funktionierende Produktion neuer Zellmembranen und Synapsen im Gehirn, die Datenautobahnen im Kopf, sind Proteine unerlässlich. Aminosäuren sind die Bausteine des Lebens, angefangen bei den ersten Algen bis hin zu den komplexesten Lebewesen unseres Planeten. Selbst einige Vitamine kann unser Körper mithilfe der Eiweißverbindungen selbst herstellen. Besonders gute Quellen sind hier mageres Fleisch, Fisch, Soja- und fettarme Milchprodukte.

Einen besonders hohen Stellenwert besitzen die Sojaprodukte, da sie durch ihre Phytohormone (pflanzliche Hormone) besonders gut von uns aufgenommen werden können. Sie sind in der Lage, unseren eigenen Hormonspiegel zu harmonisieren und Ablagerungen aus tierischen Eiweißen, die Purine (aus Stoffwechselvorgängen übrig gebliebene Zellkerne aus tierischem Eiweiß), aus unserem Körper wieder herauszulösen und so das Gichtrisiko zu senken, das durch diese erhöht wird.

Jetzt müssen Sie aber keinesfalls zum Vegetarier werden, auch verschiedene Stoffe wie etwa Vitamin B_{12} sind elementar für unsere Nervenbahnen und das bekommen wir ausschließlich aus tierischen Produkten.

Fügen Sie einfach zwei- bis dreimal pro Woche Sojaproduk-te in Ihren Speiseplan ein, hier gibt es mittlerweile in jedem Supermarkt eine kleine Auswahl. Auch Sojafleisch oder Tofu kann bei der richtigen Zubereitung sehr lecker sein. Sie bekom-men aber auch Joghurts oder verschiedene Sojamilchdrinks im Handel, nur achten Sie hier bitte wieder auf den Zuckergehalt, er ist auf der Verpackung angegeben.

Vitamin B_{12}

Dieses Vitamin bildet sozusagen den Isolationsmantel um die einzelnen Nervenfasern. Ist der Schutz lückenhaft, kommt es zu kleinen »Kurzschlüssen« zwischen den einzelnen Fasern, was uns auf Dauer nervös, unausgeglichen und konzentrations-schwach macht. Gerade Vegetarier stehen hier vor einem Prob-lem, da der Mensch nur Vitamin B_{12} aufnehmen kann, das zu-vor durch einen tierischen Organismus gewandert ist. Sie finden aber auch sehr gute Präparate in der Apotheke, die zum Verzehr mit dem Eiweiß Glutaminsäure gemischt werden und somit eine Aufnahme ermöglichen. Oder Sie lassen sich vom Arzt oder Heilpraktiker Ihres Vertrauens eine Depotspritze mit B_{12} geben. Die Leber kann einen Vorrat davon für bis zu fünf Jahre speichern. Je nach Bedarf gibt sie die nötige Menge für die Reparatur der Nervenhüllen wieder ab.

Salze

Doch wir brauchen nicht nur Eiweiße, um Netzwerke des Den-kens zu produzieren, genauso benötigen wir Salze, um diese Datenautobahnen mithilfe elektrischer Impulse nutzen zu kön-nen. Sie können sich bestimmt noch an einen Versuch aus dem Physikunterricht erinnern. Dabei wurden ein Plus- und ein

Minuspol einander gegenüber in einem Wasserbecken befestigt. Solange sich darin nur destilliertes, also von sämtlichen Mineralien befreites, reines Wasser befindet, kann sich der Kreislauf nicht schließen und somit kein Strom fließen. Gibt man jedoch normales Leitungswasser oder etwas Salz hinzu, schließt sich der Kreislauf und die Spannung wird messbar. Unser Gehirn bzw. der ganze Körper braucht also Salz, um die Zellkommunikation zu ermöglichen und die Reize über die Nervenbahnen zu transportieren. Doch Salz sollte immer sparsam und mit Bedacht verwendet werden. Selbstverständlich verbessert Salz den Geschmack unserer Speisen. Aber da viele Lebensmittel einen natürlichen Salzgehalt aufweisen, können wir mit sehr viel geringeren Mengen auskommen, als es meist der Fall ist. Wobei ich mit Salz jetzt nicht dieses feine, strahlend weiße, nicht mehr klumpende, gebleichte und bestrahlte Zeug aus dem Supermarkt meine, denn dabei kann man nicht mehr von einem wertvollen Lebensmittel reden, eher von einem chemisch veränderten Irgendwas. Nein, ich spreche von echtem, natürlichem Salz, das so naturbelassen ist wie nur möglich. Natürliches Meer- oder auch Steinsalz enthält außer Natriumchlorid sämtliche Mineralien in der beinahe identischen Zusammensetzung wie unser Blut. Zwar mag es um einiges teurer sein als Kochsalz und bei Feuchtigkeit Klümpchen bilden, aber dagegen hilft Reis, den schon unsere Großmütter mit in den Salzstreuer gaben. Der höhere Preis wird durch die sparsamere Verwendung und den intensiveren Geschmack, den es den Speisen verleiht, wieder ausgeglichen. Wir benötigen im Zweipersonenhaushalt, in dem täglich frisch gekocht wird und auch oft Gäste bewirtet werden, ungefähr ein Kilo pro Jahr. Also wesentlich weniger als von herkömmlichem Haushaltssalz. Probieren Sie es einfach einmal aus, Sie werden sich wundern, wie ergiebig es trotz seines milden Geschmacks ist. Im Reformhaus bekommen Sie mittlerweile sogar natürliches Meersalz mit Algen, die noch zusätzlich positiv auf Ihren Körper wirken.

Auch in vielen frischen Kräutern sind natürliche und gesunde Salze gespeichert oder probieren Sie doch einmal verschiedene Algenarten aus. Sie enthalten nicht nur gutes Salz und viel Jod, sondern ebenso essenzielle Aminosäuren, die wir mit der Nahrung zu uns nehmen müssen. Oder auch das oft unterschätzte Chlorophyll, das durch seine enge Verwandtschaft mit dem Blutfarbstoff Hämin eine positive Wirkung auf unsere Blutkörperchen hat, sodass diese mehr Sauerstoff aufnehmen und in die einzelnen Kraftwerke unseres Körpers transportieren können.

Natürliche Inhaltsstoffe

Hören Sie auf Ihren Körper, er zeigt Ihnen durch bestimmte Heißhungerreaktionen, welche Lebensmittel ihm im Moment aufgrund ihrer Inhaltsstoffe guttun. Es gibt Zeiten, da haben wir auf bestimmte Lebensmittel einfach keinen Appetit, aber dann kommt der Moment, da wir noch spät am Abend zur Tankstelle losziehen, um Cashewkerne zu besorgen. Ihr Körper weiß dann ganz genau, warum er Ihnen diesen Heißhungerreiz geschickt hat. Mit größter Wahrscheinlichkeit hat er Pantothensäure, also Vitamin B_5, zur Entgiftung oder Wundheilung gebraucht.

Schädliche Inhaltsstoffe

Glutamate – ein echtes Ernährungsproblem

Nun zum Hauptproblem unserer heutigen modernen Ernährung: Außer mit Zucker ist der Großteil der verarbeiteten »Lebensmittel« mit Glutamaten vollgestopft. Beide lösen Hunger aus und gaukeln uns Wohlgeschmack vor. Glutamat finden Sie in beinahe jedem Fertigprodukt, da es auf billigste Weise von allem den Geschmack enorm intensiviert und verbessert. Allerdings erschlägt es geradezu die empfindlichen Geschmackssensoren auf der Zuge. Darum kann es sein, dass Ihnen einige Zeit alles sehr fad und geschmacklos vorkommt, wenn Sie Ihren Glutamatkonsum zu reduzieren beginnen oder ihn gar stoppen. Doch nach und nach können Sie Ihren Geschmackssinn wieder auf natürliche Aromen trainieren und werden dann auch die gesamte Vielfalt natürlicher Nahrungsmittel wieder schmecken und erkennen können. Oder finden Sie etwa nicht, dass ziemlich alle Päckchensoßen den gleichen Geschmack haben?

Warum aber ist Glutamat so gefährlich? Die Beeinträchtigung des Geschmackssinns ist eine Sache, doch die Gefahr liegt in der Wirkung auf unser Gehirn. Glutamat wirkt auf unser Denkorgan wie ein Elektroschocker. Ständig werden kleine Fehlreize willkürlich und ohne System durch unser Gehirn gejagt. Wie bei einem Gewitter schießen unzählige nicht zu kontrollierende Blitze über unsere Datenautobahnen. Nun können Sie sich bestimmt vorstellen, dass solch ein Chaos nicht förderlich sein kann, sondern im Gegenteil sehr wahrscheinlich Unaufmerksamkeit und Aggressionen auslöst. Das ist auch ein Grund dafür, warum gerade bei Kindern völlig unbegründet starke Stimmungsschwankungen auftreten können und dadurch oft vermeintliche Aufmerksamkeitsstörungen diagnostiziert werden.

Viele Kinder und Jugendliche legen aufgrund des hohen Zucker- und Glutamatkonsums sämtliche Anzeichen für ADS an den Tag, ohne wirklich davon betroffen zu sein. Drosselt man die Zufuhr dieser Geschmacksverstärker, so verschwinden auch die Symptome wieder. Viele ADS-Patienten bräuchten kein oder sehr viel weniger Ritalin, wenn der Konsum von Glutamaten reduziert würde. Ebenso würden davon Patienten profitieren, die nicht ohne Medikamente im Gesellschaftsleben bestehen können, wie Hyperaktive oder Menschen mit einer Störung des Hirnstoffwechsels, da Glutamat diesen enorm durcheinanderbringt.

In unserer Klasse konnten drei Jugendliche die Medikamenteneinnahme einstellen und einer sie von zweimal eine auf eine halbe Tablette täglich senken, weil sie keine Glutamate mehr zu sich genommen haben. Keiner der ADS-Schüler ist in der Klasse mehr als solcher zu erkennen, da das starke Blitzlichtgewitter im Kopf auf ein Minimum gesunken ist.

Das Absetzen oder Reduzieren der Medikamentendosen sollte natürlich nur in Absprache mit dem behandelnden Arzt stattfinden und von ihm überwacht werden. Bitte unternehmen Sie hier keine Alleingänge und bleiben Sie vor allem in den ersten Wochen und Monaten in enger Verbindung mit Ihrem Arzt.

Künstliche Inhaltsstoffe – die Konzentrationskiller

Ganz kurz noch zu den künstlichen Inhaltsstoffen, besonders den Farbstoffen. Eine aktuelle Studie der Universität Southampton hat nachgewiesen, dass der Konsum bestimmter Farbstoffe sich negativ auf das Gehirn auswirken kann. Speziell wurden die Lebensmittelfarben E102, E104, E110, E122 und E129 als große Konzentrationsblocker entlarvt. Kinder, die viele solche Farbstoffe aufnahmen, waren deutlich unkonzentrierter und launischer als eine Vergleichsgruppe.

Die buntesten Lebensmittel schmecken am besten – vom Gesundheitsaspekt her stimmt dies auch, aber nur wenn wir von der natürlichen Farbe der Nahrungsmittel ausgehen. Eine reife Erdbeere zeigt durch ihr pralles Aussehen und ihr kräftiges Rot, dass sie süß und reif ist und auch genau jetzt die meisten Vitamine enthält.

Nahrungsergänzungsmittel – künstliche schaden mehr

Wenn Sie gelegentlich zu Nahrungsergänzungsmitteln greifen und gewisse Nährstoffe damit zuführen, weil Sie einer speziellen Ernährungsform folgen, verwenden Sie bitte ausschließlich Präparate mit natürlich gewonnenen Inhaltsstoffen. Das Problem bei den synthetisch hergestellten Vitaminen und Mineralien ist, dass der Körper sie meist gar nicht als solche erkennen kann. Darum lagert er diese Stoffe zum Großteil in den Gelenken und auch im Gehirn als Plaque ab. Also schaden Sie sich dadurch mehr, als dass Sie sich etwas Gutes täten.

Lassen Sie sich vorzugsweise in der Apotheke oder im Reformhaus beraten. Hier sind die Präparate auf den ersten Blick zwar teurer als beim Discounter um die Ecke, doch dieser Preis hat seine Berechtigung. Denn synthetisch im Labor produzierte Einzelstoffe sind in der Produktion sehr viel billiger als aus natürlichen Rohstoffen extrahierte Vitalstoffe. Darüber hinaus müssen Sie noch bedenken, dass gerade Kombiprodukte oft Stoffe enthalten, die ihre Wirkung oder ihre Aufnahme in den Körper gegenseitig blockieren und sogar aufheben können. Außerdem sollten die meisten Wirkstoffe in Kombiprodukten nicht zur selben Tageszeit eingenommen werden, so wirken beispielsweise das Mineral Zink oder auch Vitamin C anregend, bei manchen Menschen sogar aufputschend. Wenn Sie ein Kombinationspräparat mit Zink und Magnesium zu sich nehmen, werden Sie von keinem der beiden Mineralien etwas haben. Denn beide werden über dieselben Rezeptoren aufgenommen und blockieren sich dadurch. Es ist, als wollten zwei Personen gleichzeitig durch eine Tür gehen und keine will zur Seite treten, um der anderen Platz zu machen.

Aber auch bei Apothekenprodukten finden sich zumeist synthetische oder nicht richtig ausgewogene Präparate, die im Preis teilweise sogar über dem der richtig abgestimmten Nahrungs-ergänzungen liegen. Mir selbst sind auf dem gesamten europäischen Markt gerade einmal eine Handvoll empfehlenswerte Mittel bekannt. Leider sind es gerade die Wirkstoffkombinationen, die selbst vielen Apothekern noch zu unbekannt sind, weil sie zu wenig Informationen darüber bekommen. Man sollte sich nicht einfach darauf verlassen, dass alles gut ist, was die Apotheke anbietet, sondern sich beraten lassen. Der bessere Weg wäre, lieber die Ernährung umzustellen, statt zu viel Nahrungsergänzungsmittel zu sich zu nehmen.

Bei Einzelwirkstoffen stehen wir sehr häufig vor dem Problem, dass sie sich schon bei minimaler Überdosierung schädlich auf den Organismus auswirken können und so sogar Krankheiten auslösen oder verschlimmern. Besondere Vorsicht gilt hier bei den fettlöslichen Vitaminen wie Vitamin A, D und E wie auch beim Mineralstoff Eisen. Wenn Sie nicht ausdrücklich vom Arzt ein Eisenmittel verordnet bekommen haben, lassen Sie die Finger davon. Es kann in falscher Dosierung sehr schnell zu gesundheitlichen Problemen führen; wenn Sie jedoch Ihre Eisenaufnahme mit natürlichen Lebensmitteln ergänzen wollen, spricht nichts dagegen, denn allfälligen Überschuss kann Ihr Körper hier wieder ausscheiden und nimmt keinen Schaden. Eine sehr gute Eisenquelle selbst für Vegetarier ist beispielsweise Schnittlauch, der neben Eisen auch noch einige gesundheitsfördernde ätherische Öle enthält.

Zusammenfassender Überblick:
Je besser Sie also Ihren Körper und dadurch natürlich auch Ihr Gehirn mit wertvollen Nährstoffen versorgen, desto eher werden Sie Ihr ganzes Leistungsspektrum zur Verfügung haben, um damit zu arbeiten. Darum hier noch einmal kurz die wichtigsten Punkte für Sie zusammengefasst:

- Ausreichend Wasser trinken.
- Den Zuckerkonsum in Maßen halten.
- Auf gutes Salz achten.
- Genügend hochwertige Eiweiße aufnehmen.
- Zwar fettarm essen, aber bei den guten Fetten ruhig zugreifen.
- Die Nahrungsmittel so naturbelassen wie möglich wählen.
- Wenn Nahrungsergänzung, dann aus natürlichen Quellen.
- Nicht alle Nahrungsergänzung gemischt auf einmal nehmen.
- Möglichst wenig oder am besten gar keine Fertigprodukte wählen.
- Für natürliche Vielfalt und Farbe auf dem Teller sorgen.
- Auf die Signale des Körpers hören.

Die zehn für lange Fitness der grauen Zellen wichtigsten Lebensmittel

Bananen: liefern schnell guten Treibstoff in Form natürlicher Stärke, besser als jedes Stück Traubenzucker oder andere Zuckersnacks. Zusätzlich steckt in Bananen noch eine Extraportion Magnesium, die nicht nur dem Gehirn zugutekommt, sondern auch Knochen und Muskeln.

Magnesium: kommt noch in größeren Mengen in verschiedenen Mineralwässern vor. Echtes Vollkorngetreide beinhaltet ebenfalls das wertvolle Mineral, das Herz, Muskeln und Gehirn unterstützt. Unter anderem schützt Magnesium auch vor den heutzutage sehr häufigen stressbedingten Krankheiten wie Depressionen, Herzinfarkt oder Hörsturz. Magnesium ist ein wahrer Stresskiller und sollte darum immer ausreichend in der Nahrung vorkommen, denn ein gestresstes Hirn macht Fehler.

Achten Sie auch hier darauf, dass Ihre Nahrung aus möglichst natürlichen Quellen kommt, und auf natürliches Mineralwasser.

Curry: Gewürzmischung, deren Zusammensetzung variiert und je nach Hersteller schärfer oder milder ist. Kurkuma, das in jedem Curry enthalten ist, vermag Plaques, die für Alzheimer verantwortlich sein können, abzubauen und die Immunzellen anzuregen. Auch der Insulinspiegel wird positiv beeinflusst. Außerdem finden sich in diesen Gewürzmischungen antiseptisch wirkende Stoffe. Je nach Zusammensetzung besteht Curry aus Chili, Koriander, Knoblauch, Fenchel, Kreuzkümmel, Pfeffer, Lorbeer, Zimt, Senf, Ingwer, Gewürznelken und verschiedenen Blüten. Es gibt auch Pasten oder rotes und grünes Curry. Experimentieren Sie doch, so führen Sie sich nicht nur wertvolle Inhaltsstoffe aus Gewürzen zu, sondern regen Ihr Gehirn mit etwas noch Unbekanntem an. Denn auch der Geschmackssinn weckt unser Denkorgan.

Beerenfrüchte: Wählen Sie möglichst reife Früchte; je farb- und geschmacksintensiver, desto mehr wichtige fruchteigene Farbstoffe sind enthalten. Diese Farb- und Aromastoffe schützen Ihr Gehirn und fördern so auch Ihr Gedächtnis und Ihre Lernfähigkeit. Zusätzlich enthalten Beeren noch eine Menge an Ballaststoffen, die für eine gesunde Darmflora unerlässlich sind. Auch Vitamine und Mineralstoffe finden sich in hohen Mengen in den verschiedenen Beerensorten. Nutzen Sie die gesamte Vielfalt der Saison, angefangen von den süßen Erdbeeren (die eigentlich keine Beeren sind) bis hin zu den aromatisch-herben schwarzen Johannisbeeren. Greifen Sie zu und genießen Sie die verschiedensten Sorten, denn leider sind diese kleinen Powerfrüchte nicht das ganze Jahr über zu haben. Zwar bekommt man auch im Dezember importierte Ware, der es aber an Geschmack und Nährstoffen fehlt.

Eier und Soja: Beides enthält sehr viel Lecithin, einen für das Gehirn elementaren Baustein. Eier liefern zudem noch viel Cholin, aus dem unser Körper den wichtigen Nervenbotenstoff Acetylcholin produziert. Er ist für den schnellen und richtigen Transport von Informationen wichtig. Der hohe Gehalt an wertvollen Eiweißen ist für all unsere Zellen von Vorteil.

Soja hat eine beinahe unglaubliche Menge an positiven Einflüssen auf unseren ganzen Organismus. Versuchen Sie jede Woche mindestens dreimal ein Sojaprodukt in den Speiseplan einzubauen. Diese hochwertigen Eiweiße sollten Sie sich keinesfalls entgehen lassen.

Schokolade mit über 70 Prozent Kakaoanteil: Ja genau, Schokolade, aber nur wenn sie aus genügend gutem Kakao besteht, kann sie ihre stimmungsaufhellende und anregende Wirkung entfalten. Das im Kakao enthaltene Zink wirkt konzentrationsfördernd und ist in Kombination mit den enthaltenen Bitterstoffen in der Lage, den Risiken des Hirnschlags vorzubeugen. Ist der Zuckergehalt sehr hoch, wie etwa bei Vollmilch- oder gar Nougatschokolade, so haben wir höchstens eine Wirkung auf der Hüfte zu verbuchen und die Gier wächst mit jedem Stück. Bei einer hochwertigen Schokolade werden Sie schon nach wenigen Stücken zufrieden sein und nicht wie bei den zuckerlastigen Sorten erst aufhören können, wenn die ganze Tafel verspeist ist.

Nüsse: Die wertvollen pflanzlichen Öle in den Nüssen senken das Schlaganfallrisiko. Außerdem enthalten Nüsse viel Folsäure und wichtiges Vitamin E, das in unserem Körper als Antioxidans wirkt. Aber bitte wiederum Maß halten, denn auch bei guten Fetten landet der Überschuss an ungewollten Stellen. Eine kleine Handvoll von ungefähr acht bis zehn Nüssen ist als Powersnack ideal. Greifen Sie aber zu den ungesalzenen Varianten, um auch wirklich in den Genuss der wundervollen Wirkstoffe zu kommen.

Fisch: Hier geht es ebenfalls um wichtige Fettsäuren, nämlich die Omega-3-Fette. Dazu kommen noch wertvolles Eiweiß und Jod. Gerade die fetteren Seefischarten sollten häufiger auf unseren Tellern liegen. Da immer mehr Leute auf Fleisch verzichten möchten, bietet gerade Fisch eine wertvolle Bereicherung des Speisezettels, denn damit haben Sie eine schmackhafte und vielfältige Eiweißquelle. Sollten Sie sich bisher noch nichts aus Fisch machen, überlegen Sie sich, wie er Ihnen eventuell doch schmecken könnte. Wie schon gesagt, auch geschmackliche Neuerungen fordern Ihr Gehirn und Sie tun sich zusätzlich sehr viel Gutes.

Leinöl: ist als – pflanzlicher – Lieferant der hochwertigen Omega-3- und auch Omega-6-Fette unschlagbar. Sein einziger Nachteil besteht darin, dass es sich selbst im Kühlschrank nicht lange hält. Deshalb bietet es der Handel auch nur in kleinen Mengen an. Leinöl sollte nur kalt verwendet werden, da man beim Erhitzen die wertvollen Inhaltsstoffe sehr schnell zerstören kann.

Algen: Sie enthalten wertvolle Pflanzenfarbstoffe in einer unschlagbaren Kombination aus Eiweißen und Mineralien. Sie können Algen als Gemüse zubereiten oder zu Algenpresslingen greifen. Algen können Sie in verschiedenen Formen bei Ihrem Fischhändler bestellen. Die unterschiedlichen Sorten lassen sich als Rohkost wie Salat oder auch gegart als Gemüse zubereiten. Eines meiner Lieblingsrezepte sind Algen in etwas Olivenöl mit einer Knoblauchzehe angedünstet. Dazu ein schönes Stück gebratener Lachs und Reis. Einfach köstlich und eine wahre Bombe an wichtigen Nährstoffen.

Bei Algenpresslingen oder -pulver achten Sie bitte genauestens auf die Herkunft. Denn wenn Sie radioaktiv bestrahlte Ware bekommen, haben Sie keinerlei Nutzen. Darum bitte immer genau nachschauen oder nachfragen. Es gibt verschiedene Gütesiegel, die aber meistens keinen bestimmten Auflagen unterliegen. Die Hinweise »aus biologischem Anbau« oder »mehrfach rückstandskontrolliert« geben ein gewisses Maß an Sicherheit. Billigware aus dem Internet ist jedoch leider sehr häufig stark belastet.

Kaffee und Tee: Koffein schützt in geringen Mengen genossen vor Alzheimer und Parkinson und hilft dem Denken auf die Sprünge. Aber bitte nicht übertreiben, mehr als drei Tassen täglich sollten es nicht sein, da sonst ein gegenteiliger Effekt eintreten kann.

Unter den Tees hat der grüne dieselbe anregende Wirkung wie Kaffee, besitzt aber zusätzlich noch wichtige Pflanzenstoffe, die der Zellalterung ein Stück weit entgegenwirken und so auch das Gehirn fit und jung erhalten können.

Was ich jetzt hier generell über die positive Wirkung der verschiedenen Teearten auf Ihren Körper schreibe, gilt ausschließlich für Produkte höchster Qualität, frei von jeglichen Rückständen, unbestrahlt, schonend getrocknet und ohne künstliche Zusatzstoffe. Bevorzugen Sie möglichst immer lose Tees, Beutelware ist meist von sehr geringer Qualität. Nur sehr wenige Anbieter, die auch hochwertige lose Tees im Sortiment führen, haben seit einiger Zeit einzelne Sorten in Beutel gepackt, die dieselbe hohe Qualität aufweisen wie die losen Sorten. Sie finden sich aber auch im hochpreisigen Segment. Von solcher Qualitätsware ohne künstliche Zusätze ist es einfach nicht möglich, Großpackungen mit 40 und mehr Beuteln für ein paar Euro anzubieten. Aber wenn Sie bedenken, dass Sie qualitativ hochwertige Tees ohne Geschmackseinbußen drei- bis viermal aufgießen können, kommen Sie in einen extrem günstigen Preisbereich. Wenn ich von einem erstklassigen Rooibostee ausgehe, bei dem drei und mehr Aufgüsse möglich sind, sieht ein Preisvergleich mit gängigen Getränken pro Liter wie folgt aus (siehe Übersicht Seite 117).

Viel wichtiger ist für mich noch der Aspekt der Antioxidantien in den verschiedenen Teesorten. Durch ihre zellschützenden Eigenschaften unterstützen sie enorm die Zellregeneration und spielen auch eine große Rolle beim Schutz vor freien Radikalen. Je besser unsere Zellen geschützt sind, umso weniger Reproduktionsfehler können an die neue Zelle weitergegeben werden und umso besser funktionieren unsere Organe und das ganze Immunsystem. Ebenfalls sehr wichtig ist hierbei für die körperliche wie auch die geistige Leistungsfähigkeit das Säure-Basen-Gleichgewicht. Unsere moderne hektische Lebensweise stört sehr schnell dieses Balance und belastet uns dadurch. Darum ist eine basenreiche Ernährung sehr wichtig, und genau hier setzen richtig gute Tees an. Wir essen zumeist sauer und können darum unser inneres Gleichgewicht nicht mehr halten, sobald auch nur eine kleine zusätzliche Unannehmlichkeit wie Stress auftaucht. Gute und unbelastete Tees ohne künstliche Zusätze können Ihren Körper wieder in den gesunden basischen Bereich bringen. Aber bitte auch hier keinen Zucker oder Süßstoff verwenden, denn beides ist stark säurebildend und belastet so den Körper unnötig.

Getränk:	Fruchtsaft	Limonade	Mineral-wasser	Kaffee	Beutel-Tee	Offene Teemischung
Zutaten-beispiele:	– Saftkonzentrat	– Wasser	– Wasser	– Kaffeebohnen	– Teebrösel	– Kräuter
	– Wasser	– Zucker	– Kohlensäure	– Wasser	– Wasser	– Mate
	– Zucker	– Kohlensäure		– Aroma	– Aroma	– Lemongras
	– Zitronensäure	– Farbstoff				– Ringelblumenblüten
	– Calciumcitrat	– Phosphorsäure				– Malvenblüten
	– Magnesiumcitrat	– Ascorbinsäure				– Grüntee
		– Aroma				– Karottenflocken
						– Vitamine
						– Aroma
	€ 0,89–1,69	€ 0,69–1,09	€ 0,19–0,69	€ 0,22–0,38	€ 0,29–0,38	€ 0,25

Bei schwarzem und grünem Tee sollten Sie, wie bei Kaffee auch, nicht unbegrenzt viel konsumieren. Bei schwarzem nicht unbedingt mehr als drei große Tassen und beim grünen sind Sie bei etwa einem Liter an der Obergrenze angelangt. Bis zu einem gewissen Maß ist Koffein gut für den Körper und Ihr Gehirn, da wertvolle Inhaltsstoffe Ihre Zellen unterstützen. Nur ein Zuviel belastet den Körper auf unnötige Weise. Auch mit Mate sollten Sie vorsichtig umgehen, er hat ein sehr viel stärkeres Koffein als Tee und ist Kaffee gleichzusetzen. Bei Kräuter- und Früchtetees dürfen Sie ohne Hemmungen zugreifen. Heiltees sind, wie schon der Name sagt, für medizinische Zwecke vorgesehen und sollten darüber hinaus nicht eingesetzt werden, da es mit der Zeit zur Gewöhnung kommen kann und der Tee bei Bedarf dann nicht mehr richtig wirkt.

Gute Teequalitäten bedürfen aufgrund ihres guten Geschmacks auch keinerlei Zusatzes von Zucker oder Süßstoffen. Wenn Ihre Kinder bisher nur zuckerhaltige Getränke zu sich genommen haben, wird es einige Zeit dauern, bis sie freiwillig zu ungesüßten Getränken greifen. Hier müssen Sie dann nach und nach die eingesetzten Süßungsmengen reduzieren. Lassen Sie Ihre Kleinen nicht selbst süßen, sie neigen dazu, mehr Zucker zu verwenden als nötig. Wenn Sie den Tee in einer großen Kanne schon leicht gesüßt immer in der Küche bereitstehen haben, werden Cola und Co. mit der Zeit uninteressant. Natürlich nur, sofern Sie nicht weiterhin den Kühlschrank mit Zuckrigem füllen.

Sehr erfrischend und lecker ist auch selbst zubereiteter Eistee. Hierzu frieren Sie nach Belieben Tee vom ersten Aufguss und reinen Fruchtsaft in kleinen Plastikbechern ein. Ist alles gut durchgefroren, geben Sie zu gleichen Teilen gefrorenen Tee und Saft in einen Krug und gießen mit frisch gebrühtem Tee auf. Diese Mischung kommt gerade bei Kindern durch den frischen, fruchtigen Geschmack sehr gut an und stellt so eine gesunde Alternative zum industriell hergestellten Getränk dar.

Die Bedeutung der Bewegung

Genau wie eine gute Ernährung nicht nur für Ihren Körper, sondern auch für Ihr Gehirn und somit für Ihren Geist gut ist, so ist auch Bewegung gut für unsere Intelligenz.

Schon die alten Griechen wussten, dass nur in einem gesunden Körper ein gesunder Geist lebt. Um wirklich gute Denkarbeit leisten zu können, müssen wir also unseren Körper fit halten. Durch stärkere Belastung und größere Anstrengung werden sämtliche Muskeln intensiver durchblutet, vor allem die, die Sie in dem Moment am meisten belasten. Die Muskeln brauchen neben Nahrung auch eine größere Menge an Sauerstoff, um die Brennöfen so richtig anzuheizen.

Sport unterstützt den Kreislauf

Den erhöhten Sauerstoffbedarf deckt der Körper durch eine tiefere und beschleunigte Atmung während der Anstrengung. So ist auch sichergestellt, dass das gesamte **Herz-Kreislauf-System** bestens versorgt und in seiner erhöhten Leistungsaktivität unterstützt wird.

Durch die stärkere Aktivierung des Kreislaufs wird auch eventueller Bluthochdruck, der zu Gedächtnisstörungen und Kopfschmerzen führen kann, gesenkt. Mittlerweile ist bekannt, dass durch regelmäßigen Ausdauersport der Blutdruck teilweise dauerhaft sehr stark gesenkt werden kann. Die durch **Bluthochdruck** entstehenden Schäden brauche ich hier wohl nicht zu erklären. Gerade durch Hochdruck ausgelöste Kopfschmerzen sind nicht zu unterschätzen, denn durch den zu starken Innendruck in Ihren Gefäßen besteht das Risiko, dass einige der feinsten Vernetzungen im Gehirn und auch in anderen Organen Schaden nehmen. Wenn Sie unter zu hohem Blutdruck leiden, lassen Sie sich auf jeden Fall eingehend von Ihrem behandelnden Arzt untersuchen, bevor Sie mit dem Training beginnen. Von Ihrer Basisfitness hängt es ab, wie sehr Sie sich anfangs belasten dürfen. Sie sollten aber auf jeden Fall eine Pulsuhr verwenden. Damit können Sie besser kontrollieren und überwachen, wie stark Ihr Körper während des Trainings beansprucht und gefordert wird. Wenn Sie sich nicht gleich einen guten Herzfrequenzmesser anschaffen wollen, achten Sie bitte – ob mit oder ohne Hochdruck – darauf, sich während des Trainings noch unterhalten zu können, ohne dann nach Luft japsen zu müssen. Mit der Zeit macht sich die blutdrucksenkende Wirkung des Sports bemerkbar, wenn Sie wenigstens zwei- bis dreimal pro Woche eine halbe Stunde trainieren. Auch darum sollten Sie immer wieder Ihren Arzt zur Kontrolle aufzusuchen, da Sie dann eventuell auf eine niedrigere Dosierung Ihrer Medikamente oder auf ganz andere Präparate eingestellt werden müssen.

Eine Massage für den Darm

Unsere heute zumeist sitzende Arbeitsweise lässt den Darm träge und schlapp werden. Durch unsere Haltung und speziell, wenn dann noch beengende Kleidung hinzukommt, wird er regelrecht abgeschnürt und eingedrückt. So kann er natürlich nicht mehr richtig arbeiten, und fehlen dann überdies noch Ballaststoffe, kann es brenzlig werden. Das Problem ist, dass es einige Jahre lang gutgehen kann, ohne dass Sie die geringsten Beschwerden verspüren, obwohl Ihr Darm nach und nach immer fauler und schwächer wird. Nach einer gewisser Zeit und längerem »Leiden« wird er sich jedoch bemerkbar machen. Dann können die unterschiedlichsten Krankheiten und Beschwerden entstehen, vor allem Allergien, aber auch schlimmere Erkrankungen wie Krebsarten und Herzprobleme. Aber da Sie sich ja vorgenommen haben, sich zu bewegen und auf vielfältige Ernährung zu achten, um den Geist noch mehr zu unterstützen, kann ich Sie beruhigen, die sportliche Aktivität wirkt wie eine aktivierende Massage, die den geplagten Darm wieder in Schwung bringt, wodurch Abfallstoffe besser und schneller abtransportiert werden. So kann auch das Immunsystem wieder seine volle Leistung erbringen.

Die Zellregeneration wird gefördert

Bei einem ausgeglichenen Hormonsystem kann sich der Körper mit ganzer Kraft und Energie auf die Reparatur oder Entsorgung fehlerhafter oder kranker Zellen stürzen. Ihr Immunsystem arbeitet nämlich noch mehrere Stunden nach körperlicher Anstrengung auf Hochtouren.

Durch die beschleunigte Zellregeneration, die auch durch die erhöhte Sauerstoffaufnahme unterstützt wird, verlangsamt sich der Zellabbau nicht so stark wie ohne körperliche Betätigung. Im Klartext heißt das, unsere Zellen bleiben länger jung und sind somit weitaus besser gegen Angriffe von Krankheitserregern oder Giftstoffen gewappnet. Bewegung ist ein Jungbrunnen für Körper und Geist. Durch die Erschütterungen während des Sports werden beispielsweise die Knochen dazu angeregt, ausreichend Kalk einzulagern, was wiederum das Risiko von Knochenbrüchen senkt. Und die geistige Fitness, die durch Bewegung unterstützt wird, zeigt sich etwa daran, dass die meisten Nobelpreisträger ihre ausgezeichneten Entdeckungen und Leistungen erst in einem Alter von über 60 gemacht bzw. erbracht haben.

Auf unserer Laufstrecke begegnen wir jeden Morgen einem älteren Herrn. Er läuft auch bei Wind und Wetter jeden Tag seine Runden. Wir haben ihn auf ungefähr 60 bis 62 Jahre geschätzt, doch tatsächlich ist er bereits 78. Früher war er täglich zwölf Kilometer mit dem Rad zur Arbeit gefahren, als Rentner hat er dann mit dem Laufen begonnen. Vor wenigen Monaten lief er seinen ersten Marathon, bei dem er weitaus jüngere Teilnehmer hinter sich ließ. Dieser Mann hat mir aufs Neue gezeigt, dass man im Alter nicht zur Langeweile verdammt ist. Nein, denn gerade dann sind Bewegung und geistige Fitness so wichtig.

Doch zurück zu unseren Zellen. Bei der Zellteilung, die ja nichts anderes als ein Kopiervorgang ist, werden bei sportlicher Betätigung weniger »Fehler« und Schwächen reproduziert.

Wir alle wissen, dass die kopierte Kopie einer Kopie eine geringere Qualität aufweist als das Original. Diese Kopierfehler und Kratzer sind mit den Fehlern in unseren Zellen vergleichbar. Diese regenerieren sich, indem sie sich teilen und die alte der neuen Zelle Platz macht. Hier liegt unser größtes Problem. Egal welche Negativinformationen sich in die Zelle eingeschlichen haben, sie werden an die neue Generation weitergegeben. Das kann den letzten Sonnenbrand, Alkohol- oder Zigarettenkonsum betreffen. Selbst eine Grippe oder Depressionen machen sich in der Zelle bemerkbar. Sie sind also auch eine Art Gedächtnis. Doch warum soll gerade Sport diese Zellschäden verringern und auf ein Minimum reduzieren? Die gesunde Zelle eines jungen Menschen teilt sich circa alle 28 Tage. Die alte Restzelle stirbt dann ab und die neue, die weiterarbeitet, besitzt alle Informationen der vorherigen Zelle. In der DNS liegt das Zellgedächtnis. Dieser Prozess wiederholt sich immer und immer wieder, darum können gerade diese Zellfehler weitergegeben werden. Nun ist eine junge Zelle sehr viel robuster als eine bereits wieder im Zerfall begriffene. Im Laufe unseres Lebens verlangsamt sich die Reproduktion der Zellen. Dauert bei einem jungen Menschen der Teilungszyklus ungefähr 28 Tage, so verlängert er sich mit dem Älterwerden. Hiermit meine ich aber nicht ab dem Rentenalter. Nein, unsere Zellteilung beginnt sich bereits zwischen dem 21. und 25. Lebensjahr zu verlangsamen, je nachdem, wie sorgsam Sie mit sich selbst umgegangen sind. Zwar spielen Ihre Gene hierbei eine große Rolle, aber egal wie gut oder schlecht hier Ihre Erbanlagen sind, der Vorgang wird gestartet. Wenn Sie immer darauf geachtet haben, nicht jeden Exzess mitzumachen und Ihren Körper nicht mit Zellgiften zu belasten, haben Sie eine gute Chance, auch mit weniger guter Genetik den Alterungsprozess zu verlangsamen.

Wenn wir davon ausgehen, dass eine erst 28 Tage alte Zelle weitaus weniger negative Einflüsse zu spüren bekam als eine schon 35 Tage alte, kann man daraus gleichzeitig den Schluss ziehen, dass hier automatisch weniger Fehler an die neue Zelle weitergegeben werden. Durch ausreichende Bewegung können Sie selbst den Alterungsprozess verlangsamen. Je nach Alter können Sie schon das Einsetzen verzögern oder die Regenerationszeit so verbessern, dass die Alterung verlangsamt fortschreitet.

Bewegung macht glücklich

Durch regelmäßiges Training wird auch die **Hormonproduktion** angeregt, und zwar nicht nur die der generell benötigten Hormone. Der Körper freut sich so sehr über die Bewegung, dass er einen speziellen Glückscocktail aus Hormonen herstellt, der ein euphorisches und entspannendes Gefühl erzeugt. Von Sportlern, die regelmäßig und bis an ihre Grenzen trainieren, kennt man den **Flow**, ein Hochgefühl, das einen wahren Rausch in unserem Organismus verursacht. In diesem Moment geht es Ihnen einfach nur noch gut, Sie sind glücklich, haben ein angenehm berauschtes Gefühl im ganzen Körper. Diesen Flow erfahren Sie nicht am Anfang Ihrer Trainingskarriere. Damit Ihr Körper so weit kommen kann, bedarf es schon eines längeren ausdauernden Trainings. Wenn Sie jemals in Ihrem Leben dieses Gefühl hatten, wissen Sie, warum Sie sich monatelang manchmal sogar unter Zwang die Laufschuhe angezogen haben und selbst beim schlechtesten Wetter nach draußen sind. Dieses Gefühl belohnt Sie für alle vorhergegangenen Anstrengungen auf einmal. Sie werden ihm immer und immer wieder hinterherlaufen und auch immer öfter diese Belohnung erhalten.

Selbstverständlich gibt es den Flow nicht nur beim Laufen, sondern ebenso bei allen anderen Ausdauersportarten.

Dieser enorm großen Menge an Glückshormonen hinterherzurennen ist nicht unbedingt das Ziel eines Einsteigers. Aber auch bei Sportanfängern gibt es diese Glückshormone, nur nicht in dieser extremen Konzentration.

Mit Sport gegen Stress

Allgemein sagt man, Stress ist für uns schädlich. Allerdings muss man hier unterscheiden: Schlecht ist der Distress, es gibt aber auch den Eustress, der uns zu Höchstleistungen antreibt. Diese Form von Stress ist beispielsweise das kribbelnde Gefühl, wenn wir uns auf ein lange ersehntes Ereignis freuen. Jedes Kind verspürt an seinem Geburtstag Eustress, denn die Neugierde und das lange Warten auf die Geschenke lösen diese Reaktion aus.

Der bereits erwähnte Distress ist die für den Menschen negative Ausprägung, das beklemmende und belastende Stressgefühl, das keinem von uns angenehm ist und das wir leider auch viel zu häufig verharmlosen. So mancher, der unmittelbar vor einem Burnout stand, war bis zuletzt der Meinung, er könne alles wegstecken, erholen könne er sich ja auch noch im Urlaub und die Monate bis dahin machten ihm doch nichts aus. Diese Form von Stress schadet unter anderem Ihrem Immunsystem, Ihrer Denkleistung, der Kreativität, einfach Ihrem ganzen Organismus. Mit Sport können Sie sich von Ihrem Stress bestens befreien. Sicherlich wird eine Stunde jeden zweiten oder auch jeden Tag nicht ausreichen, um Sie vom ganzen Stress zu befreien, aber ein gutes Stück weit unterstützen Sie sich durch die Bewegung. Man spricht nicht umsonst von Ausgleichssport, denn genau das bewirkt er, er gleicht uns aus. Durch den Abbau von Stress und die verbesserten körperlichen Vorgänge kann man auch durch Stress oder allgemeinen Ärger entstandene Aggressionen reduzieren.

Sie können mir glauben, nichts ist befreiender, als sich körperlich komplett auszupowern und dadurch aller Aggression sozusagen davonzulaufen. Sport hilft auch bei Problemen und Ärger, man läuft sich frei, die Gedanken können wieder fließen.

Sport als »Allheilmittel«

Doch nicht nur Aggressionen oder Stress kann man beim Sport regelrecht ausschwitzen, auch **Müdigkeit**, **Abgeschlagenheit** und **Trauer** lassen sich durch Sport beeinflussen. Auf alle Fälle sofort logisch erscheint jedem, dass jemand, der sich täglich beim Sport richtig fordert, sicher am Abend müde genug sein wird, um gut ein- und durchzuschlafen.

Doch auch diese matte Abgeschlagenheit, unter der immer mehr Menschen leiden, ist ein Problem, bei dem man mit Sport wunderbare Ergebnisse erzielen kann. Wenn Sie sich richtig verausgabt haben und Ihr Kopf frei von störenden Gedanken ist, werden Sie mit neuer, frischer Energie wieder in den Tag einsteigen können. Falls Sie am Abend Sport machen und sich wirklich bis an Ihre Grenzen und darüber hinaus belasten, wird Sie eher eine bleierne, aber angenehme Müdigkeit überkommen. Am nächsten Morgen werden Sie zwar eventuell mit Muskelkater, aber fit und frisch in den Tag starten können. Wenn Sie am Morgen oder am Nachmittag Sport treiben, stellt sich eher ein Gefühl von Energie und Kreativität ein, manchmal auch Tatendrang.

Durch die bessere Durchblutung werden Nähr- und auch Giftstoffe schneller transportiert und können dadurch besser in den bzw. aus dem Organismus gebracht werden. Dieses Ent- und Versorgungssystem greift in jede Zelle ein und somit ebenfalls ins Gehirn. Wenn dieses fragile System durch die zusätzliche Bewegung in Schwung gehalten wird, bekommen Sie nicht nur mehr Nährstoffe in Ihre Zellen, sondern auch Sauerstoff in Mengen.

Unser Denkorgan wird wie die Muskeln mit mehr Sauerstoff versorgt und ermüdet dadurch nicht so schnell. Der Sauerstoff ist als »Brennstoff« für alle Hirnstoffwechselvorgänge elementar.

Hinaus an die frische Luft

Wann immer es Ihnen möglich ist, sollten Sie draußen trainieren und sich bewegen, selbst wenn Sie nur Parks in Ihrer Umgebung haben. Hier gibt es genügend Sauerstoff, und auch in einem Park ist die Luft frischer und unverbrauchter als in jedem Fitnessstudio. Gerade wenn es regnet oder neblig ist, ist die Luft so rein und intensiv. Die Feuchtigkeit, die an einem Frühlingsmorgen noch in der sich langsam durch die Sonne erwärmenden Luft hängt, ist eine wunderbare »Nahrung« für den Menschen. Zu Beginn eines Sportlerlebens fällt es schwer, sich auch bei widrigen Wetterverhältnissen aufzuraffen und aus dem

Haus zu gehen, doch nach einer gewissen Zeit ist Ihnen das Wetter egal. Im Winter zieht man Funktionskleidung an, in den heißen Monaten läuft man kurz nach Sonnenaufgang und spürt, wie die Natur wieder erwacht. Bei Regen zieht man Schutzkleidung über. Sie sehen, es gibt immer eine Ausrede wegen des Wetters, aber genauso gibt es immer eine Möglichkeit, sich nicht durch Wolken beeinflussen zu lassen. Die einzigen Wettersituationen, in denen man sich nicht draußen sportlich betätigen sollte, sind Sturm und Gewitter. Dabei könnte man in echte Gefahrensituationen geraten, denen man besser aus dem Weg geht.

Diese Luftqualität im Freien ist es auch, die unser Gehirn aufblühen lässt. In der Natur nehmen wir in jedem Moment einen anderen Duft oder Lichteinfall wahr. Diese natürlichen Reize regen das Gehirn an zu arbeiten und neue Verknüpfungen herzustellen.

Auch der Hormonhaushalt wird durch die frische, sauerstoffangereicherte Luft positiv beeinflusst; er sollte ja möglichst im Gleichgewicht sein, damit das Gehirn richtig arbeiten kann. So spricht dieser Aspekt ebenfalls eindeutig für Bewegung in der Natur.

Bewegung fördert das Denken

Körperliche Beanspruchung liefert einen richtigen Energieschub, der auch dem Gehirn zugutekommt, sodass wir uns wieder besser konzentrieren können und die Kreativität zunimmt. Oft schafft sie mehr Freiraum für neue geistige Höchstleistungen, als faul auf der Couch zu liegen. Denn gerade durch die Ablenkung und den durch die Anstrengung veränderten Hormonspiegel kann sich der Kopf von störenden Gedanken befreien, um danach umso bessere Leistungen zu bringen. Die veränderte Wahrnehmung während sportlicher Anstrengung vermag tatsächlich Ordnung ins Gedankenchaos zu bringen und so den Kopf frei zu machen. Oft reicht es schon aus, sich mit leichter körperlicher Bewegung abzulenken und den Focus auf etwas anderes zu richten als die Arbeit oder vielleicht einen Streit. Legen Sie darum ruhig des Öfteren in Ihrer Mittagspause einen kleinen Spaziergang ein, um wieder einen klaren und freien Kopf zu bekommen. Dabei sollten Sie sich natürlich nicht bis zur totalen Erschöpfung fordern, denn dann sind Sie sicher zu müde, um noch geistige Arbeit zu verrichten.

Nicht umsonst jonglieren die meisten Gedächtnissportler vor ihren Wettkämpfen und gehen am Morgen zum Ausdauersport.

Ein Spaziergang nach der Arbeit an der frischen Luft ist ein sehr guter Anfang. Tun Sie etwas für sich und Ihren gesamten Organismus. Sie werden sehr schnell feststellen, dass Sie sich danach fitter und auch entspannter fühlen werden als zuvor.

Verbesserung des Gleichgewichtssystems und Synchronisation der Hirnhälften

Sport trainiert auch unser Gleichgewichtssystem. Gerade heute, wo wir viel mehr in sitzender Haltung erledigen und uns nicht mehr wie unsere Eltern und Großeltern auch im Alltag viel und vielfältig bewegen, ermöglicht hier das durch den Sport vergrößerte Bewegungsspektrum Ausgleich und Stärkung. Je nach Untergrund, auf dem Sie laufen oder Rad fahren, bekommt Ihr Gehirn eine andere Meldung, auf die es reagieren muss. Der Bewegungsablauf verändert sich ganz von selbst, wenn wir beispielsweise von einer ebenen Strecke auf ein Gefälle kommen. Der Körperschwerpunkt wird automatisch nach hinten verlagert und stabilisiert. In einer Kurve neigen wir uns nach innen.

Alle diese automatisierten und von selbst ablaufenden Vorgänge trainieren in jedem Moment unser Gleichgewicht. Sie werden merken, dass anfangs nicht alle Bewegungen und Situationswechsel von selbst ausgeglichen werden, sondern Sie sich darauf konzentrieren müssen, Ihre Körperhaltung leicht zu verändern, um nicht zu stolpern oder zu stürzen.

Je nach Sportart wird die Zusammenarbeit der Hirnhälften auf unterschiedliche Art angeregt und beeinflusst. Manche machen einen herrlich freien Kopf und man muss sich nicht dauernd auf jede Bewegung konzentrieren. Andererseits kommt es häufig vor, dass gerade durch die spezifischen Bewegungsabläufe die Hirnhälften zur synchronen Zusammenarbeit angeregt werden, damit die Bewegungen gelingen.

Diese Aufzählung könnte man beinahe bis ins Unendliche fortführen; ich habe hier nur die wichtigsten Fakten genannt und etwas ausgeführt.

Durch das verbesserte Gleichgewichtssystem schwingen auch unsere Hirnhälften sehr viel synchroner als zuvor. Um diesen Effekt zu erzielen, sind besonders alle Sport- und Bewegungsarten geeignet, die Überkreuzbewegungen beinhalten wie zum Beispiel sämtliche Kampfsportarten, Turnen, Yoga oder Tanzen. Wenn Sie schon solche Sportarten ausüben, werden Ihnen die Übungen zur Hirnhälftensynchronisation sicherlich um einiges leichter gefallen sein als Untrainierten. Solche Körperübungen stärken und erleichtern das Zusammenspiel beider Hirnhälften.

Während des Sports können Sie nebenbei sogar die eine oder andere Gedächtnisübung machen, zum Beispiel:

• Zählen Sie die Schritte und teilen Sie dann die Streckenlänge durch ihre Anzahl, um zu wissen, wie viele Schritte Sie auf 100 Meter gehen oder laufen.

129

- Versuchen Sie sich so viele Weg- oder Straßennamen wie möglich auf Ihrer Strecke zu merken.
- Kreuzt ein Tier Ihren Weg, versuchen Sie noch zehn weitere derselben Tierart aufzuzählen, wie Amsel, Spatz, Blaumeise …
- Zählen Sie zum Beispiel beim Schwimmen jeden siebten Zug und rechnen Sie am Ende hoch, wie viele es wirklich waren.
- Versuchen Sie solche Spielereien auch gelegentlich in den Fremdsprachen, die Sie sprechen.
- Gehen Sie einige Meter möglichst schnell rückwärts oder balancieren Sie über einen Balken oder Randstein.

Es gibt unzählige Möglichkeiten, um solche Übungen in den Alltag zu integrieren. Auf jeden Fall gilt, dass körperlicher Ausgleich den Kopf frei macht und ganz nebenbei das Gehirn mit einer Extraportion Sauerstoff versorgt, die in Kombination mit der Entspannung durch Bewegung nochmals zusätzlich die Gehirnleistung steigert.

Wenn Sie nun schon seit einigen Tagen trainieren oder auch erst jetzt beginnen wollen, wünsche ich Ihnen viel Spaß und Erfolg. Mit ein wenig Ausdauer und Disziplin werden Sie sicherlich eine Fülle verschiedenster Übungen finden, die Ihren Tagesablauf ergänzen, und entdecken, dass Sie nicht nur mit Freude, sondern auch mit Effizienz lernen und sich erinnern können.

Was Eltern und Schulkinder wissen sollten

Bei Kindern und Jugendlichen ist effizientes Lernen natürlich nicht der Anreiz, von dem man sich viel versprechen kann, hier zählen eher die Belohnungsklassiker. Wobei mit der Zeit aus den Erfolgen, die Ihre Kinder mit meinen Tipps haben werden, von selbst die nötige Motivation kommen wird. Hier sind Sie als Eltern zunächst gefragt, um einen Anreiz zu schaffen und darauf zu achten, dass möglichst viele meiner Ratschläge befolgt werden, dann wird sich unter normalen Umständen alles von selbst ergeben. Auch hier gibt es so einige Tricks, wünscht sich Ihr Kind zum Beispiel ein ganz bestimmtes Computerspiel, das im Moment angesagt ist? Greifen Sie doch einfach zu der Version in einer Fremdsprache, die Ihr Kind gerade lernt. So haben Sie gleichzeitig zur Belohnung auch noch den Nebeneffekt, dass das sprachliche Volumen erweitert wird.

Grundsätzlich gelten sowohl für Erwachsene als auch für Senioren und für Kinder dieselben Grundregeln und Voraussetzungen, um die bestmöglichen Grundlagen für erfolgreiches Lernen zu schaffen. Sie haben in diesem Buch ja schon sämtliche Facetten des effektiven Lernens kennengelernt und sind vielleicht bereits dabei, den einen oder anderen Ratschlag umzusetzen und in Ihren Alltag zu integrieren. Gerade Kinder sind aber Erwachsenen oft um einiges überlegen, wenn es um Kreativität geht. Auch arbeiten ihre Gehirne sehr viel synchroner. Kinder haben die Fähigkeit, unbeschwert und ohne zu viel Grübeln etwas zu lernen und zu verarbeiten.

Ein immer wieder leidiges Thema, vor allem um die Zeugnisverteilung herum, ist, wie viel ein Kind überhaupt lernen soll. Ich weiß aus meiner Praxis, dass manche Jugendliche während der Sommerferien Hausarrest erhalten, um den ganzen Tag zu lernen, in der Hoffnung, die Noten würden so im nächsten Jahr besser ausfallen. Aber genau das ist so ziemlich das Unproduktivste, was Sie Ihrem Kind antun können. Stellen Sie sich vor, Sie haben mehrere Wochen gefastet und wollen nun an einem einzigen Abend die gesamte Nahrung aufnehmen, die Sie sich über längere Zeit versagt haben. Dass so etwas nur schiefgehen kann, ist jedem von uns klar. Genauso verhält es sich auch mit dem Lernen. Hat Ihr Kind in einem Schuljahr »versagt«, so können Sie nicht erzwingen, dass es alles innerhalb kürzester Zeit unter enormem Druck wieder aufholt. Sie werden mit dieser übertriebenen Strenge genau das Gegenteil erreichen. Denn wenn Jugendliche dazu genötigt werden, mehrere Stunden zu lernen, wird sich meist eine so enorme Abneigung gegen das Fach oder auch das Lernen und die Schule an sich entwickeln, dass sich das Unterbewusstsein sperrt. Sinnvoller ist auf jeden Fall, bestehende Lücken in Ruhe und ohne allzu großen Druck zu schließen. Ratsam hierzu wäre eine Stunde täglich in den Ferien, aber bitte unter keinen Umständen mehr, denn auch wenn es jetzt komisch klingen mag, vor allem wenn Defizite aufzuholen sind, muss ausreichend Freiraum gewährt werden. Eine Stunde täglich am Vormittag, bewusst und mit Abwechslung, wird sehr viel eher ein Aufholen des Stoffes ermöglichen als Druck und übertriebene Härte. Zu viel des Guten erreicht das Gegenteil.

Andererseits sollten Sie aber unabhängig von den Leistungen Ihres Kindes immer darauf Wert legen, dass es auch während der Ferien lernt. Denn nach der freien Zeit brauchen die Kinder oft mehrere Wochen, um wieder an ihre alten Leistungen anknüpfen und dem Unterricht ganz folgen zu können. Schon mit einer Viertelstunde am Tag und regelmäßig wechselnden Fächern ermöglichen Sie Ihrem Kind, bereits wenige Tage nach Schulbeginn mit voller Leistung wieder fortzufahren. Wenn es keine Lücken im Lernstoff aufweist und keine Note sehr aus der Reihe fällt, sollten diese 15 Minuten nicht überschritten werden, damit ausreichend Freiraum während der Ferien erhalten bleibt. Denn gerade jetzt hat auch das Gehirn eines Kindes die Möglichkeit, Veränderungen in seinem Alltag zu erfahren und somit neue, unbekannte Reize zu setzen. Je vielfältiger die Ferienzeit genutzt werden kann, umso mehr hat auch ein Gehirn davon.

Was für die Ferienzeit gilt, sollte auch während des restlichen Jahres immer wieder berücksichtigt werden. Sorgen Sie dafür, dass Ihr Kind regelmäßig lernt und nicht am Tag vor der Klassenarbeit alles auf einmal in den Kopf bekommen will. Achten Sie aber bitte auch darauf, dass nicht aus falschem Ehrgeiz heraus zu viel getan wird. Nur am Schreibtisch zu sitzen und stundenlang zu pauken bringt nichts und führt eher zu Verwirrung als zum Verstehen. Darum zwingen Sie Ihr Kind nicht zum Lernen, animieren Sie es vielmehr dazu, freiwillig und ohne Zwang an seine Aufgaben heranzugehen, und lassen Sie ihm danach auch wieder genügend Freiraum. Es ist ein Pendeln zwischen Disziplin und freier Zeit. Darum sollte Ihr Kind, wenn es von der Schule nach Hause kommt, auch immer erst etwas Zeit und Ruhe für sich selbst haben. Denn direkt nach der Schule sind noch zu viele Gedanken an den Unterricht im Kopf unterwegs und wenn dann sofort weitergemacht wird, führt dies eher zu Verwirrung und zu Überlagerung von Inhalten und Unlust.

Viele Kinder und Jugendliche essen und trinken auch zu wenig, wenn sie nach Hause kommen, und beginnen später zu naschen. Sorgen Sie dafür, dass Ihr Kind etwas Sinnvolles zu sich nimmt, um die Energiespeicher wieder aufzufüllen, und dass auch die Flüssigkeitsmenge ausreichend ist. Hierzu können Sie Genaueres im Kapitel über die richtige Ernährung nachlesen (siehe Seite 96 ff.). Auf jeden Fall wichtig ist ein gesundes Frühstück. Auch wenn Ihr Kind mal spät dran sein sollte, diese Mahlzeit sollte nicht ausgelassen oder durch irgendeine Nascherei ersetzt werden. Denn diese Energie ist wichtig für die Leistungsfähigkeit den ganzen Tag über. Sollte Ihr Kind morgens noch nichts essen wollen oder wird ihm übel, wenn es schon früh etwas zu sich nimmt, dann bieten Sie ihm die nötigen Nährstoffe in flüssiger Form an. Hierfür können Sie Früchte, Joghurt oder auch Milch mit etwas Getreideflocken oder Kernen zu einem leckeren Drink mixen. Ein gutes Pausenbrot sollte es auch immer mitbekommen. Achten Sie auch hierbei auf eine ausgewogene, vitalstoffreiche Kost.

Wir verbinden Lernen ja meistens mit Schule und Lehrern, nur gibt es auch hier enorme Unterschiede. Es gibt Lehrer, denen hängen die Kinder geradezu an den Lippen, und bei anderen freuen sie sich schon, wenn sie keinen Unterricht bei ihnen haben. Ihr Kind wird bei einem Lehrer, zu dem es gern in den Unterricht geht, sehr viel mehr lernen und für dieses Fach auch freiwillig zu Hause etwas tun, als bei einem anderen. Darum kann es auch immer wieder sehr leicht passieren, dass Ihr Kind nach einem Lehrerwechsel auf einmal ein Fach nicht mehr leiden kann, in dem es sonst nie Probleme hatte. Auch gibt es Fächer, in denen die Benotung je nach Fachlehrer sehr unterschiedlich ausfallen kann. Bei Mathematik oder im Diktat gibt es richtig oder falsch, aber ein Fach wie Kunst oder Religion bietet einen sehr großen Spielraum, in dem allein das persönliche Empfinden entscheidet. So kann es sein, dass bei einem Aufsatz, den Sie fünf verschiedenen Lehrern vorlegen, Notenunterschiede von bis zu zwei ganzen Noten auftreten. Der eine achtet mehr auf Stil und Rechtschreibung, der andere auf das sprachliche Volumen und die Grammatik und schon sind Unterschiede in der Bewertung sehr wahrscheinlich. Es muss also nicht immer das Kind schuld sein, wenn sich etwas an den Noten ändert, es kann auch am Lehrerwechsel liegen, sodass es einfach eine gewisse Zeit dauert, bis sich Ihr Kind dem neuen Lehrstil angepasst hat.

Gerade beim Unterrichtsstil hat es in den letzten Jahren sehr viele verschiedene Strömungen gegeben. Was noch zu unserer Schulzeit gut und gängige Methode war, taugt nach Ansicht einiger Lehrer heute gar nichts mehr. Lassen Sie sich dadurch bitte nicht verunsichern. Natürlich ist vieles, was für uns noch normaler Schulalltag war, heute ein alter Zopf, aber dennoch registriere ich bei vielen Lehrern immer wieder, dass beispielsweise Hausaufgaben nicht mehr kontrolliert werden beziehungsweise keine Sanktionen mehr drohen, wenn man nichts gemacht hat. Ein gewisses Maß an Disziplin ist zwar gerade auch heute sehr wichtig, wird aber von mancher Lehrkraft einfach nicht eingefordert. Darum liegt es hier auch an Ihnen, die Hausaufgaben zu kontrollieren. Sie dienen zur Festigung und Vertiefung des im Unterricht neu erworbenen Wissens und sind darum äußerst sinnvoll. Wenn Sie also Probleme mit einem Lehrer haben, versuchen Sie mit ihm einen für beide Seiten vertretbaren Konsens zu finden, um Ihrem Kind eine möglichst gute Grundlage zu bieten.

Bei der Wahl der Schulart nach der Grundschule differieren die Meinungen ebenfalls sehr oft. Hier rate ich allerdings im Zweifelsfall, bis auf wenige Ausnahmesituationen, immer dazu, der Empfehlung der Schule zu folgen. Denn die Lehrer haben gerade wenn es um die zukünftigen Leistungen eines Schülers geht, den besseren Einblick. Man kann das Abitur auch noch erlangen, wenn man mit der Haupt- oder der Realschule begonnen hat. Bei sehr vielen Schülern entwickelt sich erst mit der Zeit das innere Verständnis, warum man jetzt noch lernt. Ein Zehn- oder Elfjähriger weiß im seltensten Fall, wozu er mal ein Abitur gebrauchen könnte. Darum ist es oft besser, die Kinder zuerst den Empfehlungen der Lehrer folgend auf eine andere Schule zu schicken, damit sie dann über weiterführende Schulen entsprechend den eigenen Bedürfnissen und Vorstellungen den höchstmöglichen Abschluss erreichen können.

Vergessen Sie bitte eines nicht: Jeder, egal ob Sie selbst oder Ihre Kinder, lernt am besten, wenn er Spaß daran hat. Sehen Sie also nicht alles zu ernst und gönnen Sie sich und Ihrem Kind den nötigen Freiraum.

Übungsteil

Die hier vorgestellten Übungen könnten Ihnen am Anfang gelegentlich Probleme bereiten, da sich bei den meisten von uns
erst neue Verbindungen im Gehirn bilden müssen und dies zu
einer Art »Muskelkater« führen kann. Ich stelle Ihnen daher
sechs Grundregeln für besseres Lernen vor, die Sie berücksichtigen sollten.

Wie bei jedem Training geht es von Mal zu Mal besser und
leichter. Vor allem am Anfang sollten Sie täglich eine Körper-
übung oder Visualisierungsübung durchführen sowie ein paar
der Alltagstipps beherzigen, die ich ab Seite 155 ff. für Sie zusammengefasst habe. Bei fortgeschrittenem Training können
Sie an stressigen Tagen auch mal nur auf die Alltagstipps (siehe
Seite 155) als »Trainingsquickies« zurückgreifen.

Körperübungen zur Gehirnsynchronisation

Eine der besten Methoden zur Synchronisation der Gehirnhälften ist die Projektion der liegenden Acht, die man mit zahl-
reichen unterschiedlichen Übungen trainieren kann.

Zu Beginn sollten Sie Körperübungen zur liegenden Acht
machen, um erst einmal ein besseres Gefühl für diese imaginäre
Figur zu bekommen. Solche Übungen können – wie jedes andere Training auch – nur dann die gewünschte Wirkung entfalten, wenn sie regelmäßig ausgeführt werden. Nehmen Sie sich
zu Beginn möglichst zwei- bis dreimal täglich circa drei bis fünf

Minuten Zeit. Wählen Sie sich jeden Tag eine Übung aus, am besten wechseln Sie anfangs alle drei bis fünf Tage die Übung, da hier Abwechslung ebenfalls den Effekt verstärkt. Natürlich können Sie auch für jede Trainingseinheit des Tages eine andere Übung auswählen.

Sie werden schon nach wenigen Tagen feststellen, dass Ihnen manche Aufgaben leichter fallen werden, wie zum Beispiel kleine Kopfrechenaufgaben, den Einkaufszettel besser im Kopf zu behalten oder sich länger konzentrieren zu können und kreativer zu sein. Auch wenn Sie bisher nach einem langen Arbeitstag das Gefühl hatten, nicht mehr denken zu können, werden Sie eine Besserung feststellen. Ebenso wie im Sport zählen hier

- Stetigkeit,
- an die Grenzen gehen,
- Regelmäßigkeit.

Die liegende Acht mit den Armen zeichnen

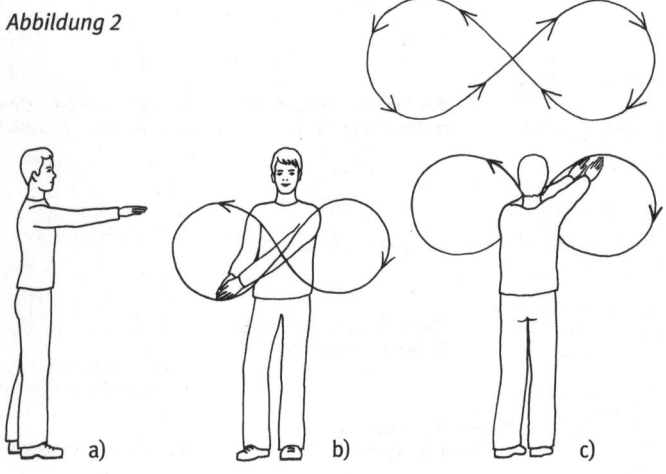

Abbildung 2

a)   b)   c)

Stellen Sie sich bequem, aber aufrecht hin und heben Sie beide Arme vor sich auf Augenhöhe (a). Nun beginnen Sie mit den Armen von der Mitte aus nach rechts oben in gleichmäßigen Bögen eine liegende Acht in die Luft zu zeichnen (b und c).

Sie können diese Übung noch intensivieren, indem Sie die Beine mit einbeziehen: Nachdem Sie die liegende Acht einige Male nur mit den Armen »gezeichnet« haben, heben Sie, wenn Sie rechts oben sind, das linke Bein und wenn Sie links oben sind, das rechte Bein.

Diese Übung erscheint zwar ziemlich albern, ist aber zu Beginn eines gezielten Trainings sehr effektiv und zeitigt schnelle Erfolge. Versuchen Sie zum Beispiel nach dieser Übung Ihren Namen mit Ihrer »schwächeren« Hand zu schreiben. Sie werden über das Ergebnis erstaunt sein!

Die liegende Acht mit dem Kopf zeichnen   **Abbildung 3**

a)
Ausgangsposition.

b)
Den Kopf nach rechts hinten in den Nacken legen.

c)
Mit der Wange die rechte Schulter berühren, halten.

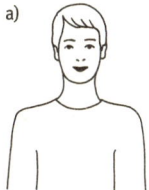
d)
Nun das Kinn Richtung Brustbein bewegen.

e)
Den Kopf nach links hinten in den Nacken legen.

f)
Mit der Wange die linke Schulter berühren, halten.

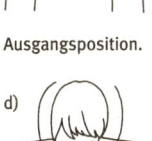

g)

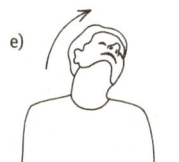
Das Kinn wieder auf die Brust legen.

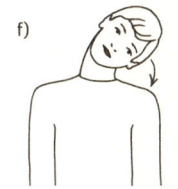
Sehr langsam ausführen!

139

Diese Übung können Sie auch im Büro ausführen, da sie den angenehmen Nebeneffekt hat, die Nackenmuskulatur zu lockern und zu entspannen. Sie können sie sowohl im Sitzen als auch im Stehen durchführen:

Den Kopf ganz nach hinten in den Nacken legen und möglichst mit dauerndem Kontakt zwischen Kopf und Schulterbereich nach rechts vorn rollen. Wenn Sie mit dem Kinn auf Ihrem Brustbein angekommen sind, heben Sie den Kopf langsam, legen ihn wieder in den Nacken und rollen diesmal über die linke Seite nach vorn zum Brustbein (a–g).

Diese Übung bitte nur langsam und am Anfang maximal dreimal wiederholen, da sonst eventuell ein Schwindelgefühl auftreten kann. Wenn Sie unter Nackenbeschwerden leiden, seien Sie bitte äußerst vorsichtig mit diesem Bewegungsablauf. Bei einer Verschlimmerung Ihrer Beschwerden beenden Sie diese Übung sofort. Wenn sich keine Veränderung bemerkbar macht, können Sie ganz vorsichtig weitermachen. Bei manchen Menschen verringern sich durch diese Übung sogar die Beschwerden, denn durch die sanften Bewegungen wird die Nackenmuskulatur gestärkt und gleichzeitig gelockert. Zusätzlich wird die Durchblutung im Nacken-, Schulter- und Kopfbereich verbessert. Diese Bewegung wirkt wie eine Massage des gesamten Bereichs und ist auch zwischendurch als Lockerungsübung sehr angenehm.

Hände und Füße synchron heben

Setzen Sie sich bequem mit aufrechter Wirbelsäule hin und legen Sie Ihre Hände auf die Knie (a). Heben Sie zunächst die rechte Hand und den rechten Fuß im Wechsel mit der linken Hand und dem linken Fuß. Heben Sie nun abwechselnd die rechte Hand und den linken Fuß bzw. umgekehrt. Die Handgelenke sollten noch locker auf den Oberschenkeln liegen und die Fersen weiterhin den Boden berühren. Nach einigen Wiederholungen überkreuzen Sie die Arme und versuchen es nochmals mit rechter Hand und linkem Fuß wie auch linker Hand und rechtem Fuß. Am Anfang wird es meist nicht klappen, da das Gehirn die Synchronizität erst noch verinnerlichen muss, aber auch hier macht Übung den Meister.

Abbildung 4

a)

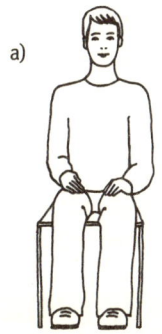

Aufrecht hinsetzen, Kopf gerade halten. Die rechte Hand liegt auf dem rechten Knie, die linke Hand auf dem linken Knie.

b)

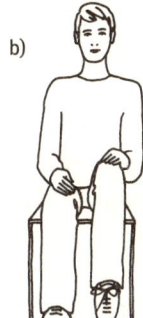

Zunächst die rechte Hand und den rechten Fuß im Wechsel mit der linken Hand und dem linken Fuß heben.

c)

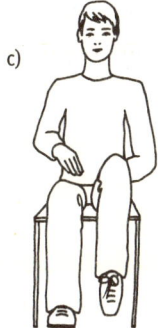

Nach einigen Wechseln die linke Hand und den rechten Fuß im Wechsel mit der rechten Hand und dem linken Fuß heben.

d)

Nach weiteren Wiederholungen die Arme überkreuzt auf die Knie legen. Erneut die rechte Hand und den rechten Fuß im Wechsel mit der linken Hand und dem linken Fuß heben. Mehrmals wiederholen.

Abbildung 5

Mit einer Hand leicht auf den Bauch klopfen,
während die andere Hand flach über
dem Kopf kreist.

Diese Übung geht am besten im Sitzen. Klopfen Sie mit der einen Hand möglichst schnell auf die Tischkante und bewegen Sie gleichzeitig die andere Hand möglichst schnell über dem Tisch hin und her. Sobald Sie die unterschiedlichen Bewegungen ohne Probleme unabhängig voneinander und gleichzeitig durchführen können, wechseln Sie die Seiten. Am Anfang ist das beinahe unmöglich, aber mit jedem Mal wird es einfacher.

Als Variationsmöglichkeit können Sie mit der einen Hand ganz leicht auf Ihren Bauch klopfen, während die andere Hand flach kreisende Bewegungen über Ihrem Kopf ausführt (Abb. 5). Bevor Sie die Hände wechseln, kreisen Sie mit der Hand über dem Kopf in die andere Richtung. Schon diese minimale Veränderung wird sich sehr wahrscheinlich ungewohnt anfühlen und zu Beginn nicht sofort funktionieren. Wenn Sie mit der einen Hand in beide Richtungen kreisen können, ohne sich beim Klopfen oder beim Kreisen zu vertun, wechseln Sie.

Visualisierungsübungen

Visualisieren Sie die liegende Acht

Am besten nehmen Sie sich am Anfang eine Zeichnung der liegenden Acht zur Hilfe. Versuchen Sie ähnlich wie bei den Körperübungen jetzt mit den Augen die liegende Acht in die Luft zu zeichnen. Sie beginnen wieder in der Mitte und gehen nach rechts oben weiter. Auch hier gilt zu Beginn: nichts erzwingen, nicht zu schnell oder zu oft üben. Hören Sie auf Ihren Körper, denn sonst kann diese Übung gelegentlich zu Kopfschmerzen führen. Sie werden bemerken, dass Sie sehr wahrscheinlich die einzelnen Blickrichtungen unterschiedlich gut wahrnehmen werden, was zu Beginn ganz normal ist. Als sinnvoll hat es sich erwiesen, die Acht möglichst groß mit einem dicken Marker auf ein Din-A4-Blatt zu zeichnen und dieses Hilfsmittel auf Augenhöhe an die Wand hinter dem Schreibtisch zu pinnen. Den Abstand können Sie nach Belieben variieren. Hier gilt ausnahmsweise viel hilft viel. Je größer Sie die liegende Acht sehen, umso besser und intensiver die Wirkung. Sollten Sie also einen größeren Abstand wählen, verwenden Sie ein größeres Blatt.

Sind Sie schon etwas geübter mit der Augenbewegung, dann können Sie auch ohne Hilfsmittel arbeiten. Lassen Sie einfach mal durch eine zweite Person überprüfen, ob Sie in alle Richtungen gleich gut schauen können, wobei das im Grunde nicht so wichtig ist, denn auch wenn Sie es nicht perfekt können, wird sich die gewünschte Wirkung einstellen.

Der Versuch, Ihre Augenbewegung mit einem Spiegel zu kontrollieren, ist dann schon die Meisterprüfung. Verzweifeln Sie aber nicht, wenn Sie die nicht hinbekommen. Nur sehr wenige Menschen schaffen dies überhaupt. Probieren Sie es darum nur gelegentlich aus. Denn zu häufiges erzwungenes Wiederholen vor dem Spiegel ist ein Garant für Kopfschmerzen.

Alternative

Manche Menschen können diese Übung nie richtig ausführen, da eine eventuelle Verkürzung der Bänder dem Auge nicht in alle Richtungen denselben Spielraum lässt. Dies ist allerdings kein Problem. Meine Freundin übt zwar schon seit Jahren, hat aber nicht das große Bewegungsspektrum des Auges, das für die Übung notwendig wäre. Sie probiert sie immer wieder und bewegt dann die Augen selbst kaum, sondern stellt sie sich im Prinzip mehr vor.

Da außer ihr noch viele andere Menschen mit diesen Schwierigkeiten kämpfen, haben wir die Übung noch weiter modifiziert. Natürlich können Sie die nun folgende Variante auch nutzen, wenn Sie die oben genannte Technik ausführen können und beherrschen. Die hirnsynchronisierende Wirkung wird auf jeden Fall eintreten.

Machen Sie dieselbe Übung mit offenen und mit geschlossenen Augen, stellen Sie sich jedoch nur vor, die liegende Acht nachzuzeichnen. Für unser Gehirn macht es keinen Unterschied, ob die Augen etwas sehen oder ob man sich etwas sehr bildhaft vorstellt. Diese Übung ist der reinen Bewegung der Augen sogar insoweit überlegen, als wir ja mit der Vorstellungskraft arbeiten und unser Gehirn so noch mehr gefordert wird und mehr Areale zur Ausführung angeregt und besser vernetzt werden. Sie sehen, manchmal kann einem eine Schwäche sogar Vorteile bringen.

Die farbige Acht

Wie schon bei den Zählübungen zur Hirnfrequenzabsenkung können Sie die Übungen der liegenden Acht noch zusätzlich intensivieren, indem Sie die Regenbogenfarben mit einbeziehen. Wiederum werden dadurch zusätzliche Sinnesreize ausgelöst, die weitere Hirnareale aktivieren. Die Wahrnehmung der Farben kann von Versuch zu Versuch unterschiedlich stark oder auch gut ausfallen. Ebenso kann es passieren, dass Sie zwischendurch die Farben in Gedanken nicht erzeugen können, obwohl es schon einige Male sehr gut geklappt hat. In diesem Fall machen Sie weiterhin immer wieder die Übung ohne Farben. Nach ein paar Tagen starten Sie dann einen neuen Versuch mit der Farbe.

Als zusätzliche Hilfestellung können Sie sich auch den Farbverlauf auf Band sprechen und während Ihrer Übung abspielen. Hierfür hat sich die Aufzeichnung mit dem Handy als sehr praktisch erwiesen. Lassen Sie aber zwischen den einzelnen Farben einige Sekunden verstreichen, um Ihrem Gehirn überhaupt die Möglichkeit zu geben, sie sich vorzustellen. Wenn Sie ohne Diktiergerät arbeiten möchten, versuchen Sie die Farbe möglichst intensiv wahrzunehmen, bevor Sie zur nächsten übergehen. Länger als ungefähr 20 Sekunden sollten Sie aber bei keiner bleiben, auch wenn Sie sie vor Ihrem inneren Auge nicht erzeugen können. In der Regel reichen drei bis fünf Sekunden pro Farbe aus, denn man macht mehrere Durchgänge durch das Farbspektrum.

Stellen Sie sich mit geschlossenen Augen wieder die liegende Acht im Raum vor und umfahren Sie sie in Gedanken. Wenn Sie sich dieses Bild bewusst vor Augen halten können, beginnen Sie sich die Farben Rot, Orange, Gelb, Grün, Blau, Lila und Violett in genau dieser Reihenfolge vorzustellen, entweder als Hintergrund oder auch die Acht selbst in Farbe. Farbe oder Acht können auch ohne weiteres pulsierend oder als wabernde Wolke wahrgenommen werden. Manche sagen, die Acht selbst sei bei ihnen wie ein Regenbogen im Verlauf eingefärbt oder ein farbiger Lichtpunkt bewege sich in der Form der liegenden Acht, der seine Farbe verändert. Die Erscheinungsform kann von Person zu Person sehr stark differieren.

Manchmal empfehle ich in meinen Seminaren, sich einen Zug vorzustellen, der auf Gleisen seine Runden in Form der liegenden Acht zieht. Viele Menschen tun sich mit dieser Vorstellung einfach leichter. Bei dieser Variante habe ich schon von den unterschiedlichsten Wahrnehmungsarten der Farben gehört. Mal erschienen die Schienen in der Farbe oder auch der Zug selbst, dann kam bunter Rauch aus dem Schornstein der Lokomotive oder die Beleuchtung der Waggons nahm den entsprechenden Farbton an. So vielschichtig wie Ihre Persönlichkeit, so unterschiedlich ist auch Ihre Wahrnehmung.

Für uns alle haben diese Übungen aber die gleiche Wirkung. Wir können unsere Gehirnhälften zu möglichst synchroner Arbeit anregen, was wiederum die Gehirnleistung an sich und auch die Koordination verbessert. Diese Übungen verlangen vom Ausführenden ein gewisses Maß an Konzentration, die sich aber automatisch nach und nach verbessert, auch wenn er anfangs Probleme damit hatte. Denn nicht nur die liegende Acht an sich, sondern auch die Vorstellungskraft und die Aktivierung durch Farben weckt alle Sinne und verbessert somit jegliche Gehirnleistung, sowohl die logische als auch die kreative.

Durch die Kombination der verschiedenen Komponenten werden nicht nur mehr Sinne, sondern auch mehr und größere Hirnareale beansprucht und aufnahmefähiger. Was wiederum die Konzentrations- und Regenerationsfähigkeit Ihres Gehirns steigern kann. Sie müssen nur selbstverantwortlich regelmäßig üben. Dann wird die Konzentrations- und Merkfähigkeit nach und nach ganz von selbst gestärkt und erweitert. Gerade zu Beginn merken Sie schon sehr schnell mit dieser Technik, dass Sie wacher und aktiver denken und Dinge besser behalten können. Das liegt daran, dass Sie auf einmal etwas total Neues machen und Ihr Gehirn aufgrund dieses Neuen, das auch noch regelmäßig geübt wird, damit beginnt, neue Neuronalverbindungen zu schaffen. Ihr Datenverarbeitungsnetz wird dichter und gleichzeitig leistungsfähiger.

Sie sehen, wie vielfältig Sie die Figur der liegenden Acht in Ihr Training integrieren können. Zum Abschluss noch ein kleiner Tipp für den Fall, dass Sie während der Arbeit kurz die Konzentration verlässt: Beginnen Sie mit Ihrer Schreibhand auf einem Blatt Papier in gewohnter Richtung die liegende Acht zu zeichnen und wechseln Sie dann zur schwachen Hand. Zeichnen Sie mit dieser die Acht möglichst schnell. Sie werden merken, danach ist der Kopf wieder gern bereit, etwas mehr zu leisten.

Übungen zur Durchblutungsförderung

Wie Sie ja schon wissen, ist eine gute Blutzufuhr zum Kopf sehr wichtig für eine ausreichende Versorgung des Gehirns mit Sauerstoff und Nahrung. Sie können hier nicht nur durch Sport und eine aufrechte Haltung unterstützend Einfluss nehmen. Es gibt noch vielfältige »Massage«- oder Übungsmöglichkeiten. Je eine möchte ich Ihnen vorstellen. Beides sind Varianten, die ich selbst sehr gern nutze.

Als ich mich auf meine erste Weltmeisterschaft vorbereitet habe und immer wieder über Kopfschmerzen und Konzentrationsschwäche klagte, hat mir mein Heilpraktiker einen Tipp dagegen gegeben. Ich muss gestehen, ich war mehr als nur skeptisch, ob so etwas überhaupt irgendeine Wirkung haben könnte. Da ich aber sehr unter dem aus meinen Beschwerden resultierenden Leistungsabfall litt, habe ich mich dazu durchgerungen, es einige Zeit auszuprobieren. Die Vorgehensweise ist sehr einfach, aber wirkungsvoll, ich konnte bei mir selbst schon nach dem ersten Versuch einen positiven Effekt verbuchen.

Fassen Sie mit Ihren Zeigefingern und Daumen Ihre Ohrläppchen mit ganz leichtem Druck. Bewegen Sie nun ganz sanft Ihre Ohrläppchen zwischen den Fingern hin und her. Sie brauchen sich weder die Finger noch die Ohren wund reiben, es reicht ganz sanfter Druck mit leichten Bewegungen aus, um mehr frisches Blut in den Kopf zu pumpen. Diese Minimassage können Sie immer wieder auch kurz zwischendurch machen. Ein paar Sekunden genügen hier schon.

Eine weitere sehr gute Maßnahme zur Verbesserung der Durchblutung Ihrer grauen Zellen ist nicht so unauffällig und überall auch in der Öffentlichkeit durchzuführen. Allerdings bringen Sie mit dieser Übung auch Ihren Kreislauf in Schwung.

Heben Sie Ihre Hände mit angewinkelten Ellbogen bis auf Schulterhöhe (a). Nun beginnen Sie Ihre Hände in leichten schnellen Drehungen zu bewegen. Als Nächstes heben Sie langsam die Arme über den Kopf (b) und bewegen dabei weiterhin Ihre Handgelenke (c). Wenn Sie oben angekommen sind, senken Sie die Hände wieder bis auf Schulterhöhe, sie sind dabei immer noch in Bewegung. Den gesamten Ablauf wiederholen Sie drei- bis viermal, dann sollten Sie im Kopf wieder frisch und fit sein.

Die wohl einfachste Möglichkeit, um die Durchblutung im Kopfbereich anzukurbeln, ist Kaugummikauen. Zwar nicht jedermanns Sache, aber durch die Kaubewegung wird ebenfalls eine gute Durchblutung gewährleistet. Nur gilt in diesem Fall: nicht übertreiben, Sie wollen sich ja sicher nicht Ihren Kiefer ruinieren, was bei übermäßigem Kauen ganz leicht passieren kann. Außerdem stellt sich die optische Frage, den der Anblick eines kaugummikauenden Menschen ist für seine Umgebung nicht unbedingt ansprechend. Doch während einer (schriftlichen) Prüfung oder beim Lernen im stillen Kämmerlein ist nichts dagegen einzuwenden, solange Sie darauf achten,

Abbildung 6

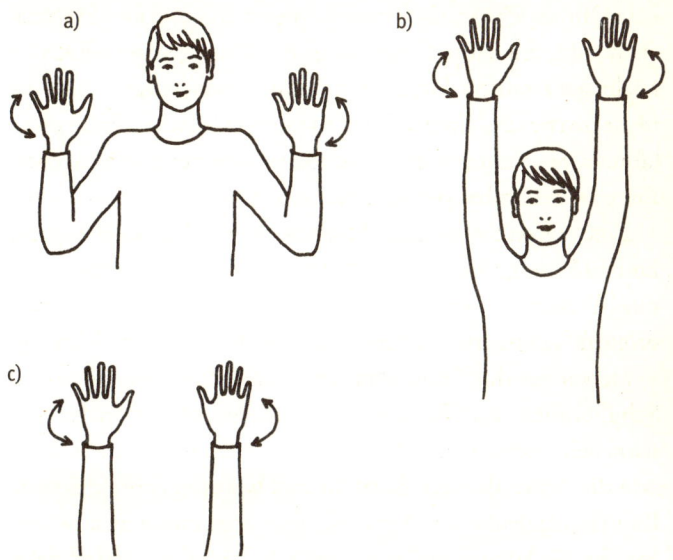

einen zuckerfreien Kaugummi zu wählen. Warum, das lesen Sie auf Seite 100, denn abgesehen von den Kalorien gibt es noch einige andere triftige Gründe.

Abwechslung ist wichtig

Sie können so vieles machen, wovon Ihnen wahrscheinlich nie in den Sinn gekommen wäre, damit ein effektives und Erfolg versprechendes Gehirntraining zu absolvieren. Ich glaube kaum, dass Sie jemals diesen Schluss gezogen hätten, nur weil Sie in einen anderen Supermarkt zum Einkaufen gehen. Und dennoch: Jegliche Form von Abwechslung oder Veränderung regt unser Gehirn dazu an, neue Verbindungen zu schaffen.

Schon solche kleinen Dinge, die nicht alltäglich sind und Ihren Gewohnheiten entsprechen, helfen Ihrem Denkorgan, in Form zu bleiben. Sorgen Sie für Abwechslung und Spontaneität. Nichts ist schlimmer und lähmender für sämtliche Denk- und Merkvorgänge als Langeweile und stupide Vorgänge.

Der menschliche Körper an sich ist wohl eines der faszinierendsten Konstrukte unserer Welt. Besonders herausragend wiederum ist das Gehirn. Wenn Sie bedenken, dass es rund 20 Prozent unserer Energie verbraucht, obwohl es nur einen Bruchteil des gesamten Körpervolumens ausmacht, können Sie sich sicherlich sehr gut vorstellen, welche Bedeutung dieses Organ bereits während der gesamten Evolution besaß. Denn Energie ist wertvoll. In der Vergangenheit des Menschen gab es nicht immer nur so nährstoffreiche Zeiten, wie unsere heutige. Darum war es für die Existenz des gesamten Organismus immer höchst wichtig, keine Energie zu verschwenden und keine überflüssigen Verbindungen aufrechtzuerhalten. Genau hier liegt das Problem von Regelmäßigkeit.

Zwar braucht der Mensch ein gewisses Maß an Verlässlichkeit und Ritualen im Leben, um sich wohlzufühlen. Eine Art sicherer Anker, der immer wieder Geborgenheit vermitteln kann. Aber wenn alles vorhersehbar, geordnet und immer nach dem gleichen Schema abläuft, beginnt eine von der Natur gewollte Abrissaktion. Sie können sich das vielleicht am besten so vorstellen, wie wenn alte Wege nicht mehr instand gehalten werden und verwittern. Werden verschiedene Verbindungen und Kontaktstellen nicht mehr ausreichend genutzt, beginnt der Abbau dieser Bahnen und Knotenpunkte. Das Gehirn besteht aus Billiarden von einzelnen Komponenten, da ist jede Möglichkeit, Energie zu sparen, unserem Organismus willkommen. Auf Seite 33 finden Sie einen kleinen Einblick in die vielfältigen Bestandteile Ihres Gehirns. Da ist es nicht verwunderlich, dass selten oder gar nicht mehr verwendete Bereiche einfach vernachlässigt und gelöscht werden. Für Reparaturmaßnahmen würden nur sinnlos wertvolle Nährstoffe verbraucht und der Erhalt dieser Areale würde Energie verbrauchen, ohne dass man Nutzen daraus ziehen könnte. In früheren Zeiten hat jede auch noch so winzige verschwendete Energiemenge eventuell über Leben und Tod entschieden. Darum funktioniert diese Abbaumaßnahme immer noch bestens. Sie werden jetzt vielleicht denken, gerade wenn ich immer dasselbe mache, benutze ich ja alle Datenwege gleichmäßig oft. Genau das ist nicht der Fall, denn es werden immer mehr Daten über die Hauptwege geschickt und die kleinen zerfallen dann wieder. Im Moment ist das kein Problem, wird aber kurzfristig die Datenmenge erhöht, kommt es zum Stau und was nicht mehr richtig verarbeitet und zugeordnet werden kann, geht verloren. Es ist dann so, als bestünde unser Straßennetz ausschließlich aus Autobahnen und alle Neben- und Landstraßen, auf die man bei Stau ausweichen könnte, existierten nicht mehr. Wir könnten viele Orte des Landes gar nicht mehr erreichen, weil die Zufahrtswege verschwunden wären. Auf unser Gehirn übertragen bedeutet das, dass abgelegte Informationen oder Wegweiser zu diesen »Orten« nicht mehr aufzufinden sind, weil sie in nicht vernetzten Bereichen deponiert wurden.

Nun hat Ihr Gehirn ein Problem: Es hat genau das getan, was ihm vom genetischen Code als überlebenswichtig vorgegeben ist. Im Gegenzug gibt es dauernd Stausituationen, also werden die Filtersysteme dazu angehalten, sehr viel großzügiger mit der Ablage der Informationen umzugehen. Was bedeutet, dass nicht mehr sehr viele verschiedene Markerpunkte zur Erkennung zugewiesen werden.

Wenn Sie also immer wieder Veränderungen in Ihr Leben einbauen, und seien sie auch noch so klein, verhindern Sie den vorzeitigen Abbau neuronaler Verbindungen. Je vielfältiger Ihre Tätigkeiten und Ihr Tagesablauf, umso mehr verschiedene Verbindungen werden verwendet und auch dringend gebraucht, um Datenstaus auszuschließen. Sie müssen bedenken, dass Sie den Abbau zwar nicht ganz verhindern, ihn aber durch das ständige Entstehenlassen neuer Verbindungen wieder abfangen können.

Für Abwechslung lässt sich ohne extra Aufwand ganz einfach sorgen – Ihnen werden sicherlich noch mehr Möglichkeiten einfallen, als ich Ihnen hier als Anregung gebe:

- Gehen Sie in einen anderen Supermarkt.
- Wählen Sie eine andere Strecke zur Arbeit als sonst.
- Lesen Sie kleine Artikel, indem Sie die Zeitung auf den Kopf drehen.
- Versuchen Sie das Alphabet rückwärts aufzusagen.
- Räumen Sie mit dem Garderobenwechsel Ihren Kleiderschrank um.
- Setzen Sie sich zum Fernsehen an eine andere Stelle als sonst.
- Stellen Sie ein paar Gegenstände in Ihrer Wohnung oder im Büro um.
- Ordnen Sie Ihr Bücher- oder CD-Regal neu.
- Kaufen Sie eine andere Fernsehzeitschrift oder Tageszeitung als sonst.
- Machen Sie sich kleine Notizen mit der schwachen Hand.
- Verwenden Sie ein anderes Duschgel oder gönnen Sie sich ein neues Parfum, denn auch neue Düfte regen an.
- Besuchen Sie ein Restaurant mit einer Ihnen noch unbekannten Küche.

Egal welche Sinne angesprochen werden, sobald etwas neu oder anders ist, als Ihr Denkorgan es kennt, wird es aktiv. Es muss neue Muster und Emotionen verarbeiten und ablegen. Es kann gar nicht anders, als diese neu erworbene Information zu nutzen, um einen eigenen Zugang dafür zu schaffen.

Rätsel sind nicht der Weisheit letzter Schluss

Ihr Alltag ist gespickt mit den verschiedensten Möglichkeiten, das Gehirn auf Vordermann zu bringen. Eine alte Meinung besagt ja, man solle viele Kreuzworträtsel lösen, um es zu trainieren. Leider ist das nicht unbedingt der richtige Weg, denn auf Dauer wiederholen sich die Fragen und fordern das Gehirn nicht mehr heraus. Ähnlich verhält es sich mit jeglicher Form von Rätseln, denn durch die Übung ist das 3862. Sudoku einer Schwierigkeitsstufe eher langweilig als fordernd. So verhält es sich mit nahezu allem. Nach einer gewissen Zeit automatisiert sich jede Handlung so, dass Ihr Gehirn nicht mehr viel zu tun bekommt. Wechseln Sie darum unbedingt auch bei den alltäglichen Abläufen. Es kann sehr viel mehr bringen, das begonnene 5000-Teile-Puzzle nach der Hälfte ein paar Wochen liegen zu lassen, als es unbedingt fertigzustellen. Das hat nichts mit Desinteresse oder Faulheit, sondern eher mit intelligenter Freizeitgestaltung zu tun.

Erinnern Sie sich doch an alte Hobbys. Gerade hier findet sich eine Fülle an Möglichkeiten für Abwechslung:

- Puzzles
- Stricken
- Modellbau
- Malen oder Zeichnen
- Klettern

Alles Dinge, die weitaus mehr an Training für Ihr Gehirn darstellen, als wenn Sie immer und immer wieder in der gleichen Tageszeitung die Rätselseite lösen. Selbstverständlich sind gerade auch Rätsel eine schöne Möglichkeit, das Gehirn etwas zu fordern, Sie sollten dann aber auf jeden Fall zwischen den Arten und Schwierigkeitsgraden variieren und gelegentlich auch eine ganze Weile pausieren, um eine Gewöhnung zu verhindern.

Wechseln Sie zwischen sprachlichen, logischen und visuellen Aufgaben immer wieder ab. Hier ein paar Vorschläge für Alternativen zu den klassischen Kreuzworträtseln und Sudoku.

- Spielen Sie bei Gelegenheit mit den Kindern in der Verwandtschaft Memory.
- Auch Stadt – Land – Fluss ist eine kleine Abwechslung, hierbei sind auch Abwandlungen wie Politiker – Film – Staat ganz witzig.
- Schiffe versenken spielen, aber nur die Treffer markieren.
- Überlegen Sie sich zu jedem Familienmitglied eine passende Beschreibung, die sich aus den Buchstaben des Namens zusammensetzt, zum Beispiel Udo = unser dicker Onkel.
- Schreiben Sie Ihre Einkaufsliste in einer Fremdsprache.
- Magische Quadrate.
- Errechnen Sie die Quersumme der Nummernschilder der parkenden Autos, an denen Sie vorbeigehen.

Sie sehen, es ist so einfach und diese kleine Liste von Anregungen ist auch bestens als Zeitvertreib für Ihre Kinder geeignet. Ebenso ist das beliebte alte Reisespiel »Autokennzeichen erkennen« eine schöne Möglichkeit, sich selbst und die Kinder zu fordern und zu fördern.

Einfache Trainingstipps für den Alltag

Was nützt mir die beste Technik, wenn ich sie nicht ohne großen Aufwand jeden Tag nutzen und verbessern kann? Gar nichts!

Darum gebe ich Ihnen hier einige Tipps, wie Sie auch im Laufe des Tages mit kleinen Übungen Ihr Gehirn trainieren können, um Ihre Gedächtnisleistung zu steigern.

Sie selbst werden beim Ausprobieren noch auf sehr viele andere Möglichkeiten stoßen, darum hier nur einige Anregungen. Sie werden sich wundern, wie effektiv diese Übungen sein können. Aber vor allem machen sie Spaß und synchronisieren gleichzeitig Ihre Hirnhälften.

- Putzen Sie sich abwechselnd mit der linken und der rechten Hand die Zähne – auch Ihr Zahnarzt wird Sie für Ihr besseres Reinigungsbild loben.
- Vertauschen Sie Messer und Gabel.
- Öffnen Sie eine Flasche mit der anderen Hand.
- Binden Sie sich mit der ungewohnten Hand die Krawatte – oder für die Damen: Flechten Sie einen Zopf mit der ungewohnten Hand.
- Nehmen Sie die Kaffeetasse in die ungewohnte Hand.
- Öffnen Sie mit der ungewohnten Hand die Türen.
- Beim Chinesen ruhig mal mit Stäbchen essen oder sogar noch die Hand wechseln.
- Hängen Sie doch mal wieder ganz klassisch Ihre Wäsche auf die Leine. Vertauschen Sie nach einigen Kleidungsstücken dann die Aufgaben der Hände im Wechsel.
- Knöpfen Sie mal mit der anderen Hand Ihre Kleidung auf oder zu.

Ihnen fallen sicherlich noch einige andere Übungen ein, die sich einfach so in Ihren Tagesablauf integrieren lassen. Spielen Sie damit, seien Sie kreativ. Auf das Beispiel mit dem Handwechsel bei Stäbchenessen bin ich gekommen, als wir beim Essen waren und es bei Weinlaune in Kombination mit ungewohntem Gebrauch der Stäbchen richtig komisch zu werden begann. Genauso werden auch bei Ihnen die Ideen für neue Varianten sprudeln. Es wird Ihnen sogar sehr viel Spaß machen, neue Techniken und Möglichkeiten zu entwickeln.

Wenn Sie eine Möglichkeit gut beherrschen, verzichten Sie dann einige Zeit wieder darauf, um Ihr Gehirn stets auf Neue zu fordern. Nutzen Sie Ihre neu gewonnene Bewegungsvielfalt immer wieder im Wechsel mit dem Altgewohnten.

Nur bitte eines nicht: Versuchen Sie unter keinen Umständen, sich mit der anderen Hand nass zu rasieren! Die möglichen Verletzungen hinterlassen unschöne Narben und fallen nicht gerade gering aus.

Koordinationsfähigkeit und Balance

Auch eine verbesserte Koordination und ein gestärktes Gleichgewicht sorgen für besseres und aktiveres Denken. Schon durch die Überkreuzübungen zur Hirnhälftensynchronisation werden Sie merken, wie Ihre Geschicklichkeit etwas verbessert wird. Trainieren Sie aber zusätzlich auch immer wieder Ihre Koordinationsfähigkeit, sie wird im Gegenzug auch wieder die Synchronizität verbessern. Wenn Sie mit diesen Balanceübungen beginnen, machen Sie sich bitte klar, dass es Monate dauern kann, bis Sie sie perfekt beherrschen. Die vernetzende Wirkung in Ihrem Gehirn setzt aber schon ganz zu Beginn des Übens ein, es lohnt sich also auch, wenn es nicht sofort klappen will. Zumal auch diese Übungen sehr viel Spaß machen und Ihre

Geschicklichkeit mit verbessern. Auch wenn Sie schon etwas älter sind, sollten gerade Sie diese Übungen immer wieder machen. Denn hierbei wird auch das räumliche Sehen gestärkt.

Eine der einfachsten Möglichkeiten ist, beim Zähneputzen oder auch Abwaschen die Fersen langsam vom Boden zu heben und wieder zu senken. Das ist nicht nur gut für Ihr Gleichgewicht, sondern stärkt zugleich auch die Muskulatur Ihrer Waden und Füße.

Die etwas schwierigere Variante dieses Wippens besteht darin, einen Fuß leicht so anzuheben, dass er keinen Kontakt mehr zum Boden hat. Mit dem anderen Bein führen Sie nun wieder dieselbe langsame Hebe- und Senkbewegung aus. Nach einigen Wiederholungen wechseln Sie wieder Ihr Standbein. Bevor Sie diese anspruchsvollere Bewegung versuchen, sollten Sie bei der oben genannten Übung absolut sicher sein, denn Sie brauchen hier schon ein recht großes Maß an Grundbalance. Stellen Sie, auch wenn Sie sehr gutes Balancegefühl haben, sicher, dass Sie sich trotzdem irgendwo anhalten und wieder stabilisieren können, falls Sie doch ins Wanken kommen sollten.

Es geht aber auch einfacher: Sie können immer wieder und jederzeit die verschiedensten Balanceübungen in Ihren Alltag integrieren. Das Ganze kann schon morgens beim Anziehen beginnen, indem Sie beispielsweise auf einem Bein stehend Ihr Hemd oder die Bluse zuknöpfen. Oder gehen Sie den Weg bis zur Haustür, ohne dass die Fersen den Boden berühren. Balancieren Sie einige Meter auf dem Randstein oder auf einer Pflasterfuge entlang. Gehen Sie während des Telefonierens durch die Wohnung, aber rückwärts.

All das und noch vieles mehr können Sie immer wieder machen, ohne extra Zeit dafür aufzuwenden oder sich groß anstrengen zu müssen. Spielen Sie, variieren Sie, versuchen Sie immer wieder neue Dinge, die Ihre Gleichgewichts- und Koordinationsfähigkeit schulen und verbessern. Jegliche Art von Balanceübungen ist hierfür bestens geeignet. Vielleicht gibt es an Ihrer Laufstrecke ja so was wie einen Balancebalken, nutzen Sie ihn. Alles, was Ihren Körper dazu anregt, Ihre Koordination zu steigern, ist perfekt. Selbst wenn es nur der Versuch ist, mit geschlossenen Augen den richtigen Schlüssel zu finden und dann auch noch eine Tür damit zu öffnen.

Wenn Sie jemals einen Gedächtnisathleten beobachten konnten oder hierüber etwas im Fernsehen sahen, wissen Sie, dass beinahe alle jonglieren. Die Beliebtheit dieser Trainingsmöglichkeit hat vielfältige Hintergründe und Effekte. Nicht nur die Koordination, sondern auch der Gleichgewichtssinn wird dadurch verbessert und störende Gedanken können verschwinden. Die Konzentration steigt, die Hirnhälften werden ein Stück weit synchronisiert. Diese einzelne Möglichkeit führt zu einer Reihe genialer Ergebnisse.

Ich selbst jongliere nicht so gern, ich greife mir lieber ein Lineal oder irgendeinen anderen langen Gegenstand und balanciere ihn. Je nach Lust und Laune stelle ich mir einen Besenstiel auf meinen Fuß und versuche ihn so lange wie möglich so zu halten. Die gleiche Übung nur mit der Hand geht natürlich auch, hierfür stelle ich ein Lineal, einen Drumstick oder auch einen ein Stück weit ausgeklappten Zollstock auf die ausgestreckte Handfläche. Wenn ich gute Laune habe, kann es dann schon mal passieren, dass ich etwas auf der Stirn, dem Kinn oder der Nase balanciere.

Diese Übung erfordert sehr viel Konzentration, Koordination und Körperbeherrschung sowie Gleichgewichtssinn. Trotzdem oder gerade darum möchte ich Ihnen besonders diese Übungsmöglichkeit ans Herz legen. Auch wenn der Kochlöffel zum zwanzigsten Mal von Ihrer Handfläche kippt, ohne auch nur ein paar Sekunden brav stehen geblieben zu sein – Sie machen mit jedem Versuch einen großen Schritt hin zur Verbesserung Ihres Gedächtnisses.

Für die ersten Versuche mit den Händen empfehle ich Kochlöffel und Lineale. Ob Sie die Handflächen oder einzelne Finger bevorzugen, bleibt Ihnen überlassen. Wenn Sie lieber mit den Füßen beginnen wollen, dann ist zu Beginn ein Besen oder Schrubber das Richtige. Am leichtesten geht es ganz knapp hinter den Zehen, etwa in der Mitte des Fußes. Sie können in Schuhen, nur mit Socken oder barfuß üben. Probieren Sie aus, wie Sie am besten zurechtkommen, um möglichst bald Erfolge zu verbuchen.

Zur Stabilisierung sind Gegenstände, die auf einer Seite schwerer sind, besser geeignet. So lässt sich ein Besen mit den Borsten nach oben sehr viel leichter balancieren als der bloße Stiel. Selbstverständlich sollten Sie sowohl rechts und links abwechseln wie auch Hände und Füße. Es macht richtig Spaß und ist in so mancher Firma, in der ich coache, ein beliebter Pausensport, ja es werden regelrechte Wettkämpfe ausgetragen, wer es am längsten schafft.

Der Versuch, auf Stirn, Kinn oder Nase etwas zu balancieren, ist eine noch anspruchsvollere Aufgabe, sowohl für Ihr Gehirn als auch für Ihren Körper. Verwenden Sie hierzu nichts Spitzes oder Scharfes und schlagen Sie im Fallen begriffene Gegenstände immer von sich weg, um Verletzungen zu vermeiden.

Unterschätzen Sie den Schwierigkeitsgrad dieser Übungsvariante nicht. Auch wenn Sie vielleicht ohne große Anstrengung alle möglichen Dinge, die Sie ausprobiert haben, leicht austarieren konnten, werden Sie hier an Ihre Grenzen stoßen und längere Zeit zum Üben benötigen. Es würde völlig ausreichen, immer wieder die etwas einfachere Variante mit den Händen und Füßen zu machen. Wer jedoch eine Herausforderung sucht, kann die um einiges schwierigere Übung mit dem Kopf versuchen. Übrigens ist auch die klassische Variante, mit einem Buch auf dem Kopf durch die Wohnung zu gehen, in ihrer Wirkung nicht zu unterschätzen. Dadurch werden nicht nur Koordination und Balance trainiert, sondern außerdem eine aufrechte Haltung. Auch wenn es absolut unlogisch erscheinen mag, dass gerade sie für die Intelligenz förderlich ist. Die Gründe sind vielfältig. Bei einer aufrechten Haltung nehmen Sie beim Atmen mehr Sauerstoff auf, der ja wie Brennstoff für Ihr Gehirn ist. Ebenso wird der Blutfluss ins Gehirn verbessert, der nicht nur dem Sauerstofftransport dient, sondern auch Nährstoffe ins Gehirn bringt und Giftstoffe daraus wieder entfernt. Als zusätzlicher Effekt wird durch die geradere Haltung das Selbstbewusstsein ein klein wenig gestärkt, was wiederum störende Selbstzweifel verringert. Sobald Sie erhobenen Hauptes durchs Leben gehen, wird man Ihnen ganz anders begegnen, als wenn Sie mit hängenden Schultern und eingezogenem Genick herumlaufen. Wenn Sie selbstbewusst auftreten und so in Prüfungen oder Tests gehen, strahlen Sie nach innen und außen Sicherheit und Können aus.

100-mal nachdenken – Aufgaben für Sprachvermögen und Zahlenlogik

Nun möchte ich Ihnen etwas zum Denken, Grübeln und Rätseln geben, damit Sie gleich starten können und etwas Abwechslung in den Tag bringen. Wenn Sie in den nächsten Wochen jeden Tag eine dieser Aufgaben lösen, haben Sie schon eine sehr gute Basis für erfolgreiches Lernen geschaffen. Die Art der Aufgaben wiederholt sich alle paar Tage, notieren Sie sich am besten bei jeder, wie lange Sie dafür gebraucht haben, um eine Verbesserung leichter zu erkennen. Für die Zahlenrätsel sollten Sie keinen Taschenrechner benutzen. Die Lösungen finden Sie am Ende des Buches (siehe Seite 199).

1. Wie müssen diese Zahlenreihen weitergehen?

   3, 5, 8, 13, 21, ...
   5, 7, 11, 13, 17, ...
   1, 4, 9, 16, 25, ...
   11, 9, 7, 5, 3, ...
   3, 6, 18, 72, 360, ...

2. Um welche Tiere handelt es sich?

   EGIRT
   ABCEHLSW
   CHORST
   DIKKLOOR
   CCEEHKNS
   CEEGHILMRSTT

3. Wer passt hier nicht hin?

Michelangelo	Erhard
El Greco	Kohl
Raffael	Weizsäcker
Leonardo da Vinci	Schröder
Tizian	Adenauer

4. Max ist kleiner als Yvonne. Yvonne ist kleiner als Bruno. Peter ist gleich groß wie Max. Julia ist größer als Paul. Bruno ist kleiner als Paul. Sandra ist gleich groß wie Yvonne. Wer ist am größten?

5. Welche Zahl ist X?

   $$\frac{8 - X}{3} = -14 + 3X$$

6. Prägen Sie sich möglichst viele Gegenstände in der richtigen Reihenfolge ein. Drei Minuten Zeit zum Einprägen.

Eimer; Stuhl; Säge; Kuchen; Telefon; Hose; Gabel; Apfel

7. Wie müssen diese Zahlenreihen weitergehen?

1, 2, 6, 24, 120, ...
1, 11, 3, 9, 5, ...
1, 8, 27, 64, 125, ...
3, 1, 4, 1, 5, 9, ...
1, 3, 5, 7, 9, ...

8. Um welche Berufe handelt es sich?

CEEEFGHINNORRSST
AEEFHHLRRR
CEFHIRS
CHKO
AEEEIKNRRST

9. Was passt hier nicht hin?

Rhein	Admiral
Main	Schwalbenschwanz
Donau	Zaunkönig
Lech	Pfauenauge
Elbe	Kleiner Fuchs

10. Zwei Güterzüge mit je 250 m Länge begegnen einander mit derselben Geschwindigkeit von 45 km/h. Wie viele Sekunden verstreichen, bis beide Züge aneinander vorbeigefahren sind?

11. 86 x 19
    27 x 62
    31 x 56

12. Prägen Sie sich möglichst viele Gegenstände in der richtigen Reihenfolge ein. 3 Minuten Zeit zum Einprägen.

Hund; Auto; Eis; Kissen; Kegel; Rose; Ei; Mütze; Kuss

13. Wie müssen diese Zahlenreihen weitergehen?

1, 1, 2, 4, 3, 9, 4, ...
3, 9, 27, 81, ...
4, 8, 6, 12, 10, ...
21, 7, 3, 24, 8, ...
2, 4, 3, 27, 4, ...

14. Um welche Länder handelt es sich?

ADFILNNN
BEEEEEFIKLNNSTU
CEHISWZ
BEEGILN
AEILRS

15. Was passt hier nicht hin?

San Francisco	Kamille
Washington	Gerbera
New York	Margarite
Boston	Iris
Miami	Sonnenblume

16. Katja ist zwei Jahre älter als Simone, Marc ist gleich alt wie Ute, Ute ist ein Jahr jünger als Katja. Wer ist am jüngsten?

17. In einem Hafen lagen vier Schiffe, die am 2. Januar 2006 alle in See stachen. Ein Schiff kommt alle vier Wochen, ein anderes alle acht Wochen, das dritte alle zwölf Wochen und das letzte alle 16 Wochen wieder in den Hafen. Wann treffen sich alle Schiffe wieder im Hafen?

18. Prägen Sie sich möglichst viele Gegenstände in der richtigen Reihenfolge ein. Drei Minuten Zeit zum Einprägen.

Klavier; Dose; Schal; Affe; Spatz; Zitrone; Brot; Katze; Regen; Radio

19. Wie müssen diese Zahlenreihen weitergehen?

1, 8, 15, 22, 29, ...
111, 999, 222, 888, 333, ...
12, 24, 37, 51, 66, ...
27, 33, 30, 36, 33, 39, 36, ...
1, 4, –3, 0, –7, –4, –11, ...

20. Um welche Tiere handelt es sich?

ACEGHLNS
CDEEHIKLORST
IKNOOPRS
CDEEEHIS
ADELOPR

21. Was passt hier nicht hin?

626	Gerste
C 5	Mais
A 380	Bohnen
E200	Reis
A 8	Hirse

22. Morgen in drei Tagen ist Sonntag. Welcher Tag ist heute?

23. Zwei Tage, 19 Stunden, 71 Minuten und 180 Sekunden: Wie viele Minuten sind das?

24. Prägen Sie sich möglichst viele Gegenstände in der richtigen Reihenfolge ein. Drei Minuten Zeit zum Einprägen.

Kind; Handy; Buch; Gürtel; Kaffee; Tür; Roller; Stein; Kamin; Pudel; Zaun

25. Wie müssen diese Zahlenreihen weitergehen?

2, 44, 666, ...
1, 12, −1, 10, −3, 8, −5, ...
12, 6, 4, 10, 3, 9, 1, 7, 5, ...
365, 12, 30, 24, 60, ...
4, 7, 2, 7, 4, 8, 5, 6, 5, ...

26. Um welche Früchte handelt es sich?

AANNS
AABENN
EINORTZ
BEINR
BEEER

27. Was passt hier nicht hin?

Honduras	Internist
Bolivien	Neurologe
Chile	Radiologe
Venezuela	Dermatologe
Uruguay	Zoologe

28. Prägen Sie sich möglichst viele Gegenstände in der richtigen Reihenfolge ein. Drei Minuten Zeit zum Einprägen.

Zeitung; Rad; Rübe; Post; Baum; Nadel; Zug; Turm; Teller; Bus; Maus; Tulpe

29. Um welche Tiere handelt es sich hier?

AEGKNRUU
AAEEEFIKMNRR
AEIKLNP
EEFLLOR
AEKLLOR

30. Was passt hier nicht rein?

Deutsch	Amsel
Französisch	Star
Italienisch	Sperling
Englisch	Blaumeise
Rätoromanisch	Grünfink

31. Vervollständigen Sie die Zahlenreihen

1, 4, 9, 16, 25, ...
1, 3, 7, 13, 21, ...
7, 5, 8, 9, 18, ...
1, 4, 9, 25, 49, 121, ...
10, 9, 11, 8, 12, 7, ...

32. Um welche Städte handelt es sich hier?

CEEHMNNU
DDEEFLORSSU
EIKL
AIMNZ
DDEENRS

33. Was passt nicht in die Reihe?

Hund	Eisen
Katze	Aluminium
Huhn	Nickel
Reh	Gold
Schwein	Blei

34. Vervollständigen Sie die Zahlenreihen

2, 4, 6, 8, 10, ...
−1, 1, −3, 3, −5, ...
100, 99, 95, 86, 70, ...
1, 5, 9, 13, 17, ...
10, 15, 150, 225, ...

35. Um welche Berufe handelt es sich?

ACEEEHKKNNRRSSTW
BEOOPSTT
EEEIKKLRRT
ABCEEKR
AEMRRU

36. Was passt hier nicht rein?

Merkur	München
Saturn	Stuttgart
Mond	Kiel
Mars	Saarbrücken
Venus	Frankfurt

37. Vervollständigen Sie die Zahlenreihen

25, 50, 150, 600, 3000, ...
81, 64, 49, 36, 25, ...
31, 28, 31, 30, 31, ...
1, 4, 7, 10, 13, ...
100, 97, 94, 91, 88, ...

38. Welche Kleidungsstücke verbergen sich hier?

AGNUZ
AEEEGLMNNRT
CEKOS
DEEIKLMMORS
AAEKRTTW

39. Was passt nicht in die Reihe?

Xenon	Tunesien
Argon	Namibia
Radon	Ägypten
Propan	Dänemark
Krypton	Kanada

40. Vervollständigen Sie die Zahlenreihen

98, 102, 96, 104, 94, ...
3, 9, 15, 21, 27, ...
1, 16, 81, 256, 625, ...
1, 22, 333, 4444, ...
1, 11, 121, 1331, ...

41. Welche Berufe finden sich hier?

IILOPSTZ
CEEHINRRS
AEKLMR
ACEFHLNRS
DEEFIPRRTW

42. Was passt hier nicht dazu?

Oktober	Deutschland
Dezember	Frankreich
Januar	Großbritannien
April	Norwegen
Juli	Schweiz

43. Vervollständigen Sie die Zahlenreihen

7, 14, 21, 28, 35, ...
6, 7, 4, 4, 8, ...
2, 38, 2, 116, 2, 35, ...
1, 3, 7, 9, 7, 3, ...
5, 25, 125, 625, ...

44. Um welche Tiere handelt es sich hier?

CCEEEHHHINNOR
AAEGIPP
CCEEEEHHIMNNRSW
AEFKLMRTU
EINNPS

45. Was passt hier nicht dazu?

Österreich	Seide
Griechenland	Kaschmir
Spanien	Leinen
Schweiz	Viskose
Finnland	Baumwolle

46. Vervollständigen Sie die Zahlenreihen

1, 8, 9, 64, 25, ...
1, 3, 6, 10, 15, 21, ...
11, 8, 6, 4, 2, ...
8, 24, 72, 216, ...
1, 3, 15, 105, ...

47. Welche Staaten verbergen sich hier?

AADNORR
ACEFHIKNRR
AGLOPRTU
AABHINR
ADELLNTT

48. Was passt nicht in die Reihe?

George Bush	Eiche
George W. Bush	Buche
Eisenhower	Tanne
Clinton	Lärche
Nixon	Ahorn

49. Vervollständigen Sie die Zahlenreihen

0, 3, 8, 15, 24, ...
1, 97, 2, 89, 3, 83, 5, ...
1, 3, 9, 27, 81, ...
1, 32, 243, 1024, 3125, ...
1, 8, 4, 27, 9, 64, 16, ...

50. Um welche Gemüsearten handelt es sich hier?

EGKRU
AEFFKLORT
AEMOTT
BEEILWZ
ABEEGINRU

51. Wer/was passt nicht in die Reihe?

Sean Connery	Antilope
Richard Gere	Tiger
Roger Moore	Löwe
George Lassenby	Giraffe
Pierce Brosnan	Gnu

52. Vervollständigen Sie die Zahlenreihen

1, 3, 3, 9, 27, 243, ...
0, 1, 2, 4, 6, 9, 12, 16, 20, ...
21, 13, 8, 5, 3, 2, 1, ...
3, 4, 12, 48, 576, ...
2187, 729, 243, 81, 27, ...

53. Welche Städte verbergen sich hier?

EKNORWY
IKOOT
BEELRSSU
AIKOR
ELNRUZ

54. Was/welches Land passt nicht in die Reihe?

Judo	Großbritannien
Karate	Frankreich
Kungfu	Spanien
Jiu Jitsu	Deutschland
Capoeira	Polen

55. Vervollständigen Sie die Zahlenreihen

2097152, 262144, 32768, 4096, 512, 64, ...
121, 144, 169, 196, 225, ...
1, 2, 9, 8, 3, 4, 7, 6, ...
1, 11, 31, 61, 101, ...
1, 2, 4, 7, 2, ...

56. Welche Sportarten finden sich hier?

EINNST
AAEKRT
BENOX
ABFLLSSU
BGILNOW

57. Was passt nicht in die Reihe?

Erlkönig	Louis Pasteur
Zauberlehrling	Robert Koch
Macbeth	Albert Einstein
Die Freimaurer	Isaak Newton
Faust	Stephen Hawking

58. Welche Berufe sind hier versteckt?

CGHIRRU
ACDEEEHIMMMNRZ
AABEEGLLRSS
AORTU
CDEHINS

59. Was passt nicht in die Reihe?

China	Vitamin A
Russland	Vitamin B_{12}
Deutschland	Vitamin C
Frankreich	Vitamin E
Großbritannien	Vitamin K

60. Welche Tiere finden sich hier?

AAADEEEFLMNRRSU
EEGIZ
CDFGHILOS
AEHMRST
AGILLOR

61. Was passt nicht in die Reihe?

Apollo 8	Opal
Apollo 9	Amethyst
Apollo 10	Rosenquarz
Apollo 11	Citrin
Apollo 12	Feuerachat

62. Vervollständigen Sie die Zahlenreihen

7, 49, 343, 2401, ...
34, 17, 68, 34, 136, 68, 272, ...
2, 5, 10, 17, 26, 37, ...
3, 6, 21, 24, 39, 42, 57, ...
4, 6, 5, 8, 6, 7, 3, 5, 4, 7, 9, ...

63. Welche Staaten finden sich hier?

BEGLMRUUX
CEIMOX
ABKU
EEIKRTU
ELNOP

64. Was passt nicht in die Reihe?

Argon	Abduktor
Krypton	Latissimus
Xenon	Gluteus Maximus
Radon	Corpus callosum
Neon	Quatrizep

65. Vervollständigen Sie die Zahlenreihen

1, 4, 13, 40, 121, 364, ...
1, 5, 13, 29, 61, 125, ...
1, 7, 42, 210, 840, 2520, ...
1, 2, 8, 64, ...
1, 6, 3, 18, 9, 54, 27, ...

66. Welche Städte sind hier gemeint?

ABDEGGMRU
EEPRSY
AELKSS
AGRSTTTTU
ABGHMRU

67. Was passt nicht in die Reihe?

Johannes Paul II.	Saxofon
Ronald Reagan	Trompete
Olof Palme	Posaune
Willy Brandt	Horn
John F. Kennedy	Tuba

68. Vervollständigen Sie die Zahlenreihen

671, 670, 673, 668, 675, 666, ...
1, 8, 3, 0, 7, 5, 6, 4, 2, ...
1024, 512, 256, ...
1, 4, 2, 12, 48, 24, 144, 576, 288, ...
11, 121, 1331, ...

69. Welche Tiere sind hier zu finden?

BEEIN
DEEHNSU
AABLLSTTU
AEFFGIR
CEEEEHILLRSU

70. Was passt nicht in die Reihe?

Trapez	Würfel
Quadrat	Pyramide
Rombus	Tetraeder
Pyramide	Ikosaeder
Dreieck	Dodekaeder

71. Vervollständigen Sie die Zahlenreihen

84, 83, 68, 67, 28, 23, 99, 97, 26, ...
21, 42, 63, 84, 105, ...
54, 93, 26, 65, 65, 104, 33, ...
4, 8, 32, 512, ...
−2, 5, 24, 61, 122, ...

72. Welche Berufe verbergen sich hier?

AAACDEEFGHLNNRRSSTT
DIKNOORT
EFIRRSU
ACEHIKRTT
AELMR

73. Was passt nicht in die Reihe?

Rappe	Venus
Schimmel	Mars
Fuchs	Mond
Wallach	Titan
Falbe	Triton

74. Vervollständigen Sie die Zahlenreihen

981, 909, 972, 918, 963, ...
1, 3, 15, 105, 945, ...
1, 7, 14, 22, 31, 41, ...
28, 448, 3584, 14336, 28672, ...
36, 72, 68, 136, 132, 264, ...

75. Welche Früchte finden sich hier?

AEFLP
ABERTU
CEHIKRS
BEEEHIMR
AEFLMPU

76. Welche Städte sind hier zu finden?

EFLNORZ
AGGLOW
AFIOS
ABDEORUX
AEHNT

77. Was passt nicht in die Reihe?

Pius	Hadrian
Sixtus	Nero
Severus	Augustus
Benedikt	Caesar
Alexander	Commodus

78. Welche Sportarten verbergen sich hier?

AABDHLLN
AENNTZ
CEEFHNT
AAEIKSSSW
DJOU

79. Wer gehört nicht in die Reihe?

Hagen	John Lennon
Rüdiger	Paul McCartney
Gunther	Mick Jagger
Siegfried	George Harrison
Georg	Ringo Starr

80. Welche Tiere sind hier versteckt?

ABEEILMSU
CEFFFGHIILOPRST
AEEHNY
AFPU
EHMMRU

81. Was passt nicht in die Reihe?

Sharon	Merkur
Ganymed	Uranus
Titan	Sirius
Phobos	Jupiter
Europa	Pluto

82. Welche Tiere finden sich hier?

AAHINPR
AACEEHLMNO
ABEEIRS
AEEIMS
EEMOW

83. Was passt nicht in die Reihe?

Föhr	Düsseldorf
Sylt	Dortmund
Juist	Köln
Amrum	Leverkusen
Langeneß	Bonn

84. Welche Berufe finden sich hier?

EEGMRTZ
AEFPRRR
AEIMMMNNRZ
ADILNRTW
DEEGINRS

85. Was passt nicht in die Reihe?

Watt	Johannes
Volt	Lukas
Ampère	Samuel
Ohm	Judas
Lux	Petrus

86. Welche Tiere sind hier zu finden?

AABCEHRSW
ACCHHIILLN
AFLMRUUW
ADEEFLMRSU
ABCEEHILNRST

87. Was passt nicht in die Reihe?

Frosch	Namibia
Kröte	Großbritannien
Schildkröte	Chile
Lurch	Japan
Salamander	Ungarn

88. Welche Staaten sind hier zu finden?

AABGIM
ADDIINRT
BEINN
ADEILMNOV
AAAAEEGIILNOQRTUU

89. Was passt nicht in die Reihe?

Mathematik	Rhône
Geografie	Donau
Physik	Themse
Chemie	Seine
Biologie	Euphrat

90. Welche Gemüsesorten finden Sie hier?

AEKORTT
EHKLNOORS
ABCHKLNOR
CEHIRTT
ACGHIMNNOP

91. Wer/was passt nicht in die Reihe?

Sachsen	Regen
Sueben	Schnee
Goten	Nebel
Franken	Hagel
Sumerer	Wind

92. Welche Hauptstädte sind hier versteckt?

AMOPTU
AAAMNP
GIKNNOST
AADLORSV
AAAKNR

93. Was passt nicht in die Reihe?

Madagaskar	Madonna
Island	Kylie Minogue
Japan	Britney Spears
Neuseeland	Céline Dion
Zaire	Cher

94. Welche Berufe sind hier versteckt?

AEEEFIKNRRUV
EEIMNSTTZ
ABEEEGGINRU
CDDEGHILMOS
ABBEEIRRRU

95. Welche Städte sind hier zu finden?

AAELN
BCEGLNOPPRU
BNNO
ABDEEINSW
AGHOT

96. Welche Tiere sind hier versteckt?

CEEHIILLNSTTW
AELLQU
BIIKLO
AAHHNRTTU
GIINNPU

97. Welche Staaten findet man hier?

ALOS
AEIKLOSW
AGNNRU
AEIRZ
DEIINN

98. Welche Geräte sind hier versteckt?

AABEGRSSZUU
ACEHHKKLNRSU
CEEEHIKORR
AEORSTT
AACCEHHIMNSSW

99. Welche Berufe verstecken sich hier?

EIKOPRT
EEFGHRRUUZ
ARTZ
EEFORRST
AACEEHIKMNORTU

100. Zum Schluss noch ein paar Hauptstädte

DLNNOO
ADDIMR
AIPRS
EINW
ABDEPSTU

Jetzt wird es noch kniffliger

Lesen Sie diesen Text möglichst flüssig, s i e werden bald feststellen, es ist gar nicht so leicht, wenn das Auge nicht einer einheitlichen Form folgen kann. Aber SO werden beide Hirnhälften angeregt und aktiviert. Genauso geht es uns auch, wenn d i e einzelnen Buchstaben oder Ziffern unterschiedliche Farben haben. Es gibt Menschen, die nehmen das wichtigste Wort in einem Text nicht wahr, wenn e s kleiner als alle anderen geschrieben w u r d e. Aber Größe ist nicht alles, oft liegt gerade im Kleinen wahre Größe.

Wie Sie sehen, war das gar nicht so einfach; wenn doch, herzlichen Glückwunsch. Mit einem solchen Beispiel kann man spielen und die verschiedensten Varianten entwickeln. Hier eine kleine Auswahl:

1. Addieren Sie alle Zahlen in diesem Feld miteinander, aber ohne bereits gezählte zu streichen.

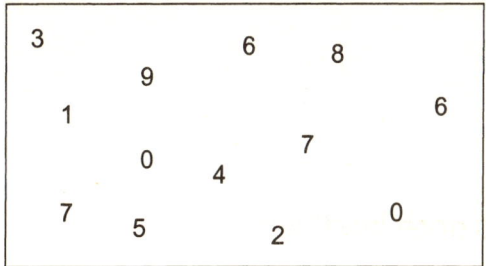

2. Hier nun etwas schwieriger.

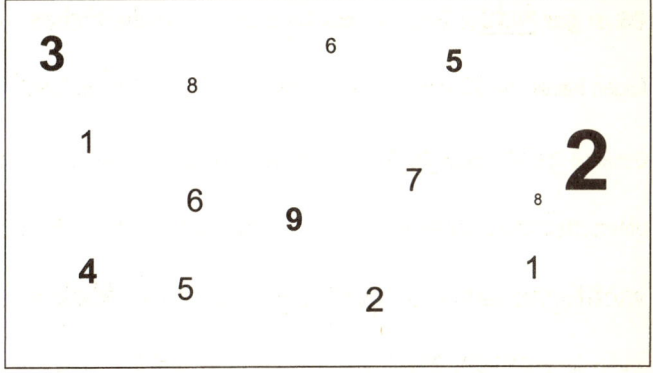

3. Oder auch das Ganze in Farbe (hierfür müssten Sie sich selbst eine Vorlage erstellen).

4. Nicht nur mit Zahlen, auch mit Buchstaben lässt sich dieses optische Training ganz einfach durchführen. Versuchen Sie das Alphabet zuerst vorwärts und dann auch rückwärts in die richtige Reihenfolge zu bringen. Auch hier bitte wieder keinen Stift verwenden, nichts streichen oder verbinden. Arbeiten Sie nur mit den Augen.

Hier die einfachste Variante mit Groß- und Kleinschreibung, natürlich kann man auch verschiedene Schriftarten, Größen und Farben einsetzen, um die Übung zu erschweren.

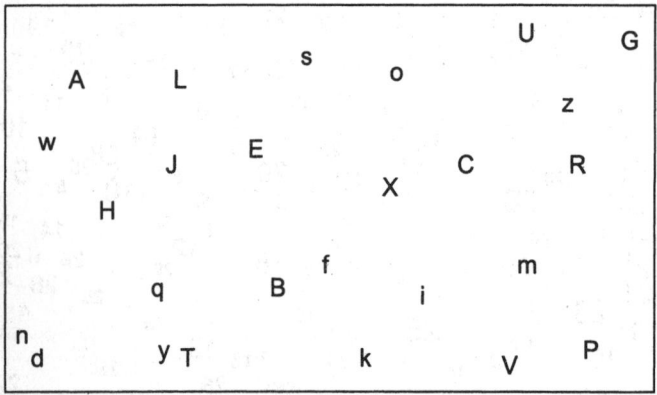

Mit solchen Buchstabenfeldern können Sie sich natürlich zusätzlich fordern, indem Sie schwerere Worte zusammensetzen, versuchen Sie es doch mal mit

Gehirnhemisphaerensynchronisationsuebungseinheit.

Egal, ob Sie diese Übungen mit Buchstaben oder mit Zahlen machen, Sie trainieren vor allem Ihre optische Aufnahmefähigkeit. Im nächsten Feld finden Sie in verschiedenen Größen und Graustufen (eine farbige Vorlage müssten Sie sich selbst erstellen) alle Zahlen von null bis dreißig je einmal vor. Mit diesem Feld können Sie ganz unterschiedlich variieren. Sie können »nur« alle Zahlen in auf- oder absteigender Reihenfolge verbinden (nur in Gedanken, ohne Stift) oder auch alle Ungeraden auslassen. Spielen Sie einfach damit, werden Sie kreativ.

Ihnen fallen bestimmt noch zahlreiche weitere Möglichkeiten ein, viel Erfolg und vor allem Spaß beim Ausprobieren.

Unser Gehirn ist bei Vielem an eine bestimmte Erscheinungsform gewöhnt. Sobald hier eine Veränderung auftritt, muss es erst eine Möglichkeit finden, um mit der neuen Situation klarzukommen. Hierin ist es absolut genial. Manchmal merken wir gar nicht, dass etwas anders war, trotzdem nimmt das Gehirn es wahr und gleicht aus. Sie alle kennen die Texte, in denen bewusst einzelne Wörter fehlen oder doppelt vorkommen, unser Gehirn gleicht so aus, dass wir unbewusst die Lücken füllen oder überflüssige Wörter einfach nicht gelesen werden. Diese Dinge kann es ohne Training sehr einfach selbst bewerkstelligen,

aberwennbeispielsweisewiejetztallesohneabständeundgroßkleins chreibungalslangebuchstabenwurstdargestelltwirdmüssenunsere grauenzellenschonganzandersarbeitenundwerdengefordertfehlen dannauchnochdiesatzzeichensindwirimerstenmomentaufverloren empostendaunsauchnochdieletztenanhaltspunktefehlenundkeine rleiunterschiedeindergewichtungdereinzelnenworteersichtlichistS iemerkenaberauchschonjetztwiederjemehrSieindieserformlesenu msoleichterfälltIhnendaserkenneneinzelnerworteundderzusamme nhangwirdimmerersichtlicherauchwennandenzeilenendenteilweis edieeinzelnenworteanderszerlegtwerdenalsdiegewohntentrennun gsregelnvorgebenabernunsollesauchdamitwiedergutseindenndiea bwechslungbringtjadenerfolgunddiewillichIhnengleichindennächs tenaufgabenwiederbietenalsodannvielerfolgauchwennsmanchmal schwerwirdundmanmehrmalsranmußumeinelösungzufindendenn wenneszueinfachisthabenSiejaauchkeinegroßehreausforderungzu meistern.

5. Lösen Sie diese Additionsaufgabe

vier acht neun vier zwei neun drei null Sieben eins zwei sechs neun acht Sieben sechs vier acht neun fünf null vier drei Sieben

... oder auch etwas schwerer

Siebzehnplusachtminus9plusviermalzwei+elfpluszweiminusneunzehn-geteiltdurchSiebzehnplusdreimal4minusneunzumquadratpluseins.

Schon solch einfache Abwandlungen sind effektiver als eine rein in Ziffern ausgedrückte Rechenaufgabe. Darum ist das Lösen

von angesagten Kettenaufgaben auch eine sehr gute Möglichkeit, um Kinder sowohl im Rechnen als auch in der Gedächtnisleistung zu unterstützen. Hierbei geht es ja nicht nur um
reines Rechnen. Auch die Konzentration wird damit enorm gefordert, genauso wie bei komplexen Aufgaben, die ausschließlich aus Ziffern bestehen. Bei der Weltmeisterschaft im Kopfrechnen gibt es beispielsweise die Disziplin Addieren; hierbei
müssen zehn zehnstellige Zahlen addiert werden, ohne dass die
Zwischenergebnisse notiert werden dürfen. Klingt jetzt eigentlich sehr einfach, aber genau bei dieser Disziplin kann man
sich ganz schön vertun, zumal man pro Aufgabe gerade mal nur
eine Minute Zeit hat.

Damit Sie sich selbst einmal daran versuchen können, habe
ich Ihnen nun einige meiner eigenen Trainingsaufgaben zu-
sammengestellt. Sie werden sicherlich einige Anläufe benötigen
und auch bestimmt nicht mit der Zeit auskommen, aber es ist
eine wunderbare Konzentrationsübung und wenn Sie sie wider
Erwarten schaffen, würde ich mich freuen, Sie bei einer der
nächsten Meisterschaften als Teilnehmer zu treffen. Aber dann
bitte das Training nicht vergessen.

6.

1464923187	8039396671	1910980681
6571367185	7135503632	7361416294
2161774080	1897579038	5448431877
2784017154	1731871627	9960102771
1149032195	1573584936	1877978580
5939694823	8976343402	7563207766
1742251639	8954698461	3566906209
3746919043	4272903237	8459854869
6824253086	3704084233	6321404311
2537757053	9197498403	1503964299

7.

4008066088	7096367755	1677139573
9979203138	5601749436	2092616905
3321890068	9105403160	6312283293
3483695138	1181176755	8399427634
8562315813	6316486688	4479428235
2323556290	5247039686	8675136198
7266444760	2237892933	8733700555
7894763734	3501273578	3415494756
8102673450	1330934886	2760269169
7158643280	7782961144	2935023700

_____ _____ _____

Ich glaube, diese sechs Aufgaben reichen aus, um Ihnen zu demonstrieren, dass man sich auch bei vermeintlich einfachen
Aufgaben stark konzentrieren sollte, um sich nicht irgendwo
mittendrin zu vertun.

Für die folgenden Knobeleien werden Sie noch Papier und Stift
zur Lösung benötigen, denn dabei wird jetzt so richtig um die
Ecke gedacht. Auch sollten Sie sich hier nicht selbst unter Zeitdruck setzen, denn auch mit einiger Übung kann man auch
mal eine Stunde an solch einer Aufgabe knabbern. Genau das
richtige für verregnete Wochenenden und Abende oder lang-
weilige Zugfahrten oder Flüge.

8. Klassenfahrt
Eine Grundschulklasse macht den ersten Ausflug mit dem Bus
und wie nicht anders zu erwarten, gehen bald die ersten Quen-
geleien los. Welcher Schüler sitzt auf welchem Platz und beschwert sich bei der Lehrerin aus welchem Grund um wie viel
Uhr?

Als Hilfestellung sollten Sie noch wissen, dass die Platznummern von vorn nach hinten höher werden.

- Als Erstes zankt sich ein Junge, weil er seinen Sitznachbarn nicht leiden kann.
- Peter will lieber weiter vorn bei seinen Freunden sitzen, er sitzt nicht auf Platz 8, kurz zuvor hatte auch Pia ein Problem.
- Der Junge, der unbedingt pinkeln muss, meldet sich früher als Susi, aber später als der Junge auf Platz 19.
- Simon beschwert sich vor dem Mädchen, dem schlecht wurde.
- Um 8:23 Uhr meldet sich das Mädchen von Platz 8, das aber nicht Maxi ist. Das Mädchen hat sich nicht um 8:28 Uhr gemeldet, sitzt aber auf Platz 41.
- Der Junge, der sich direkt nach dem Mädchen mit der vergessenen Tasche meldet, sitzt auf Nummer 29.

Uhrzeit	Kind	Sitznummer	Problem

Wenn Sie nun hier alle wahren Aussagen mit einem Plus und alle falschen Kombinationen mit einem Minus oder mit unterschiedlichen Farben kennzeichnen, haben Sie es etwas einfacher.

	Maxi	Peter	Susi	Pia	Simon	Platz 8	Platz 17	Platz 19	Platz 29	Platz 41	Übelkeit	Tasche vergessen	Pinkeln	hinterer Platz	Nebensitzer
8:19															
8:21															
8:23															
8:26															
8:28															
Übelkeit															
Tasche vergessen															
Pinkeln															
hinterer Platz															
Nebensitzer															
Platz 8															
Platz 17															
Platz 19															
Platz 29															
Platz 41															

Kopieren Sie sich am besten dieses Hilfsschema, denn gerade bei den ersten Aufgaben dieser Art schleichen sich schnell Fehler ein.

9. Radtour

Sieben Freundinnen unternehmen zusammen eine Radtour; finden Sie heraus, wer an welcher Position fährt, und das dazugehörige Alter.

Als kleiner Tipp: Sie sollten mit Sybille beginnen. Auch hier benötigen Sie wieder Stift und Papier.

- Andrea ist nicht die Älteste.
- Jasmin ist die Zweitälteste, sie fährt irgendwo hinter Marion.

- Sybille ist entweder 19, 22 oder 25. Ihre Position ist eine gerade Ziffer.
- Kerstin ist die nächst Jüngere zur Freundin auf Position 5.
- Auf Position 2 fährt die 28-Jährige.
- Auf Position 6 fährt Petra, die nächst Jüngere zu der Freundin, die zwei Positionen vor Kim fährt.
- Die Altersangabe der jungen Frau auf Position 4 besteht nur aus geraden Zahlen.

	1	2	3	4	5	6	7
Name							
Alter							

10. Sie schauen genau um zwölf Uhr Mittag auf die Uhr und sehen beide Zeiger exakt übereinanderstehen. Wie oft kommt es bis Mitternacht vor, dass beide Zeiger genau übereinanderliegen?

_____

11. Wie oft ist das Wort Eile im folgenden Block enthalten?

```
EILEEILEEILEEILEEILEEILEEILEEILEEILEEILEEILEEILE
EILEE!LEEILEEILEEILEEILEEILEEILEEILEEILEEILEEILE
EILEEILEEILEEILEEILEEILEEILEEILEEILEEILEEILEEILE
EILEEILEEILEEILEEILEEILEEILEEILEEILEEILEEILEEILE
EILEEILEEILEEILEEILEEILEEILEEILEEILEEILEEILEEILE
EILEEILEEILEEILEEILEEILEEILEEILEEILEE!LEEILEEILE
EILEEILEEILEEILEEILEEILEEILEEILEEILEEILEEILEEILE
EILEEILEEILEE!LEEILEEILEEILEEILEEILEEILEEILEEILE
EILEEILEEILEEILEEILEEILEEILEEILEEILEEILEEILEEILE
EILEEILEEILEEILEEILEEILEEILEEILEEILEEILEEILEEILE
EILEEILEEILEEILEEILEEILEEILEEILEEILEEILEEILEEILE
EILEEILEEILEEILEEILEEILEEILEEILEEILEEILEEILEEILE
EILEEILEEILEEILEEILEEILEEILEEILEEILEEILEEILEEILE
```

12. Bei einem Sportevent steht der 100-Meter-Lauf an, am Start warten fünf Läufer. Aber wer hat welchen Startplatz?

- Der Deutsche hat eine höhere Startnummer als der Schweizer und der Ungar.
- Der Ungar steht nicht auf Platz 3.
- Zwischen dem Ungarn und dem Schweizer steht mindestens ein weiterer Läufer.
- Der Franzose hat eine höhere Startnummer als der Ungar.
- Weder der Schweizer noch der Deutsche starten von Platz 5 aus.
- Der Engländer hat einen ungeraden Startplatz.

Startplatz	1	2	3	4	5
Nationalität					

13. An einem trüben Novemberabend sitzen ein paar Freunde zusammen und erzählen sich Gruselgeschichten. Welches Monster hatte welchen Namen und an welcher Stelle wurde seine Geschichte erzählt?

- Eine Geschichte handelte von Edward Boyd.

- Die zweite Geschichte war die des Wood.

- Die Geschichte von Claire wurde nach der Vampirstory erzählt.

- Maries Geschichte wurde zwischen der mit dem Werwolf, der Ende des 17. Jahrhunderts Dutzende von Menschenleben gefordert hatte, und der von Bennet erzählt. Bennets Geschichte war aber nicht die dritte.

- Im 16. Jahrhundert trieb ein Hexer sein Unwesen, er hieß nicht Hill mit Nachnamen, seine Geschichte wurde unmittelbar vor der von Charles erzählt.

Auch hier ein kleiner Tipp: Finden Sie den Namen des Mons-
ters der ersten Geschichte heraus.

Vornamen:	Charles, Claire, Edward, Marie
Nachnamen:	Bennet, Boyd, Hill, Wood
Art:	Hexer, Mörder, Vampir, Werwolf

	1	2	3	4
Vorname				
Nachname				
Art				

Auch hier brauchen Sie wieder Papier und Bleistift.

14. Es gibt Vornamen, die in einer Generation doch sehr häufig
vorkommen. So kann es passieren, dass fünf Handwerker am
Ort alle mit Vornamen Walter heißen. Welcher Walter hat welchen Nachnamen und welches Handwerk übt er aus? Aber um
es etwas schwieriger zu gestalten, wird auch noch der Name des
aktuellen Auftraggebers sowie die Adresse der Baustelle gesucht.

Hierzu empfehle ich Ihnen, wieder die Lösungstabelle und das
Hilfsschema zu kopieren. Papier und Stift sind auch hier erfor-
derlich.

• Am Gärtnerplatz arbeitet der Maler, aber nicht für die Familie Metzger.
• Walter Schneider arbeitet nicht für die Töpfers, aber im
Müllerweg.
• Walter Glaser ist weder Maurer noch Flaschner, während
der Flaschner weder für die Familie Kürschner in der Schustergasse noch in der Putzerstraße arbeitet.

- Walter Bäcker ist Elektriker und Walter Schmied ist bei den Pfeifers zugange.
- Familie Töpfer hat nicht den Maurer beschäftigt und wohnt auch nicht im Jägerweg oder am Gärtnerplatz.

Name	Gewerbe	Auftraggeber	Straße

	Maurer	Flaschner	Elektriker	Zimmerer	Maler	Kürschner	Metzger	Töpfer	Bader	Pfeifer	Schustergasse	Müllerweg	Putzerstraße	Jägerweg	Gärtnerplatz
Walter Schlosser															
Walter Gärtner															
Walter Bäcker															
Walter Glaser															
Walter Schmied															
Schustergasse															
Müllerweg															
Putzerstraße															
Jägerweg															
Gärtnerplatz															
Kürschner															
Metzger															
Töpfer															
Bader															
Pfeifer															

15. Welche Worte finden Sie hier? Die Buchstaben fügen sich als Band zusammen.

N	I	G
L	E	N
A	D	U

N	B	D
E	U	N
S	O	H

R	E	H
E	F	E
R	N	S

E	R	E
O	A	T
L	N	S
A	G	E

E	U	B
C	H	E
A	G	R
L	E	R

T	F	E
E	L	H
S	E	R
T	E	A

A	T	I
M	M	S
E	A	C
H	T	H

F	A	K
F	L	E
E	H	E
E	M	U

O	T	N
F	U	I
A	A	R
H	R	E

16. In einer kleinen Wohnsiedlung stehen vier Doppelhäuser, jede der acht Familien besitzt Haustiere. Wer wohnt in welchem Haus und welches Tier ist dort Familienmitglied? Auch die Namen der Familien werden gesucht.

Als kleine Hilfestellung sollten Sie den Namen der Familie in Hausnummer 1 herausfinden.

Und so stehen die Häuser zueinander

| 1 | 3 | 5 | 7 |

Straße

| 2 | 4 | 6 | 8 |

Familiennamen: Kraus, Köhler, Keil, Schwab, Maier, Ebel, Reger, Renz

Haustier: Pudel, Katze, Chinchilla, Kaninchen, Rennmäuse, Papagei, Kanarienvogel, Meerschweinchen

- Gegenüber von Familie Köhler hoppelt ein Kaninchen im Garten.
- Familie Keil, die Chinchillas hält, hat eine Hausnummer niedriger als die des Hauses, in dem ein Pudel lebt.
- Familie Ebel wohnt in der Haushälfte mit der höheren Hausnummer als beim Meerschweinchen. Der Papagei wohnt in Haus Nr. 2, die Katze herrscht aber nicht in Haus Nummer 6.
- Die Familie aus Haus Nummer 1 findet sich in der Namensliste direkt nach dem der Familie in Haus 4.
- Der Kanarienvogel ist durch eine Doppelhaushälfte von Familie Maier getrennt.
- Gegenüber von Familie Reger wohnt in Nummer 5 Familie Renz, die einen Vogel besitzt.
- Die Rennmäuse leben nicht im selben Doppelhaus wie der Kanarienvogel, aber auch nicht auf derselben Straßenseite wie Familie Kraus.
- Die Rennmäuse leben in einer rechten Haushälfte, Familie Kraus bewohnt ein linke, deren zugehörige rechte aber nicht von den Schwabs bewohnt wird.

Nummer	1	2	3	4	5	6	7	8
Familie								
Tier								

Stift und Papier werden hier sehr wahrscheinlich nützlich sein.

17.
a) Gestern war Dienstag. Welcher Tag ist drei Tage nach vorgestern?

b) Der zehnte Tag war ein Donnerstag. Welcher Tag war vor 17 Tagen, wenn übermorgen der 19. Tag ist?

c) Acht Tage nach dem 23. Tag ist es vier Tage vor einem Montag. 36 Tage vor Tag Y ist es 41 Tage nach dem 33. Tag. Welcher Tag ist 39 Tage nach X?

d) Sechs Tage vor dem elften Tag war es 33 Tage nach seinem Geburtstag. Ein Tag, nachdem der Sturm das Haus abdeckte, brachte Diana Lea zur Welt. Die Taufe fand 90 Tage danach statt. An welchem Tag schlug der Sturm zu, wenn der 72. Tag 13 Tage vor der Taufe war und der Geburtstag vier Tage nach einem Dienstag gewesen ist?

18.
a) Übermorgen ist Samstag. Welcher Tag ist drei Tage vor gestern?

b) Der zwölfte Tag war ein Freitag. Welcher Tag ist in 23 Tagen, wenn morgen der 17. Tag ist?

c) Der 38. Tag ist drei Tage nach einem Montag. Vorgestern war es 51 Tage nach Tag Y, der wiederum vier Tage vor dem 16. Tag war. Welcher Tag ist drei Tage vor Tag X, wenn dieser in 17 Tagen ist?

d) Acht Tage vor dem 17. Tag war es 45 Tage nach dem Tag, an dem er ein Kätzchen gekauft hatte. Acht Tage, nachdem die alte Katze davongelaufen war, bekam der Nachbarsjunge einen Wellensittich. Eine Katze war ihm 15 Tage nach dem Kauf der jungen zugelaufen. An was für einem Wochentag verschwand die alte Katze, wenn der 54. Tag ein Sonntag ist und der Junge den Wellensittich 81 Tage nach dem Tag bekam, als ihm die Katze zugelaufen ist?

19.

a) Peter kauft drei Tüten Bonbons und zwei Päckchen Kaugummi, dafür gibt er insgesamt Euro 3,20 aus. Eine Tüte Bonbons kostet doppelt so viel wie ein Päckchen Kaugummi. Wie viel kosten fünf Tüten Bonbons?

b) Roman soll ein 12 m tiefes Loch graben. Jeden Tag schafft er 1,6 m, aber in der Nacht spielt jedes Mal ein streunender Hund in seinem Garten und wirft dabei wieder 70 cm hoch Erde ins Loch. Wie viele Tage muss Roman graben, bis er 12 m erreicht hat?

c) Lea und Tim wollen eine kranke Freundin besuchen. Lea geht die 2 km zu Fuß, Tim ist mit dem Rad unterwegs. Lea benötigt zu Fuß 45 Minuten. Damit Tim nicht ohne Lea ankommt, fährt er mit konstant 16 km/h auf der Strecke hin und her. Wie viele Kilometer hat er mit dem Rad zurückgelegt, bis sie beide ankommen?

Ich denke, zwischendurch war es gar nicht so einfach, auch wenn es ganz harmlos aussehen mag. Nun haben Sie einiges für einen besseren Wortschatz und für Ihre Zahlenlogik getan. Diese Rätsel werden von den meisten Menschen als ungefähr gleich schwierig eingestuft. Bei den nun folgenden Vorschlägen zur Schulung des visuellen Denkens gehen die Meinungen sehr stark auseinander.

Übungen zum räumlichen Vorstellungsvermögen

Wer ein gutes räumliches Vorstellungsvermögen oder eine sehr gute Orientierung hat, wird diese Übungen als einfacher empfinden als Menschen mit Problemen in diesen Bereichen. Haben Sie aber bitte keine Angst, Sie könnten diese Aufgaben nicht lösen. Jeder von uns kann Orientierung lernen und die räumliche Vorstellung lässt sich ebenfalls schulen. Zwar spielt hier Talent mit eine Rolle, aber mit ein bisschen Selbstvertrauen und Training können Sie sich auch als Untalentierter steigern.

Hier eine kleine Übung zum Einstimmen:

Stellen Sie sich vor, Sie gehen durch die Wohnungstür und dann 5 m schnurgeradeaus. (Für diese Übung können Sie durch Wände oder auch Möbelstücke gehen, Sie machen ja eine Reise in Gedanken.) Dann drehen Sie sich um 90° nach rechts und gehen weitere 3 m geradeaus. Nun drehen Sie sich um 180° und gehen 7 m diagonal durch die Wohnung. Wo würden Sie nun stehen, wenn Sie tatsächlich durch Ihr Zuhause gegangen wären?

Stellen Sie sich immer wieder selbst solche Aufgaben, indem Sie eine Reise in Gedanken machen. Ihrem Gehirn ist es egal, ob Sie real gehen oder ob Sie denselben Weg in möglichst genauer Vorstellung in Ihrem Kopf zurücklegen.

Als kleine Anregung hier noch zwei Vorschläge zur Orientierung:

1. Wo etwa wären Sie genau 12 Minuten, nachdem Sie sich auf den Weg zur Arbeit gemacht haben? Versuchen Sie, so präzise wie möglich die gesamte Strecke mit der ungefähren Dauer im Kopf zurückzulegen. Notieren Sie sich den in Ihrer Vorstellung erreichten Punkt und überprüfen Sie Ihr gedachtes Ergebnis am nächsten Tag.

2. Was sind die ersten fünf Dinge, die Sie sehen, wenn Sie die Tür zu Ihrem Büro öffnen? Welche sieben Dinge in der obersten Schublade Ihres Schreibtisches liegen ganz rechts? Was sehen Sie, wenn Sie nur einen Atemzug lang aus dem Fenster Ihres Büros sehen?

Auch diese Antworten können Sie jederzeit selbst überprüfen. Sie können sich solche Fragen auch ohne örtliche Vorgaben stellen, die Sie exakt binden. Wissen Sie beispielsweise, was alles in Ihrem Handschuhfach oder auch in Ihrer Handtasche ist? Bis auf einige Dinge, die wir immer dort deponiert haben, und solche, die wir erst vor Kurzem dort abgelegt haben, werden Sie mit größter Wahrscheinlichkeit einige vergessen. Außer Sie sind ein absoluter Ordnungsmensch und so gut organisiert, dass alles seinen bestimmten Platz hat – ohne Wenn und Aber.

Anhang

Lösungen

1. 34; 19; 36; 1; 2160
2. Tiger; Schwalbe; Storch; Krokodil; Schnecke; Schmetterling
3. **El Greco** ist in der Aufzählung der einzige Spanier, die anderen sind Italiener.
   Weizsäcker war Bundespräsident, die anderen Kanzler.
4. Julia
5. X = 5
6. –
7. 720; 7; 216; 2; 11
8. Schornsteinfeger; Fahrlehrer; Fischer; Koch; Sekretärin
9. Die **Elbe** entspringt im Gegensatz zu den anderen genannten nicht in Deutschland.
   Der **Zaunkönig** ist ein Vogel, die anderen sind Schmetterlinge.
10. 20 Sekunden
11. 1634; 1674; 1736
12. –
13. 16; 243; 20; 3; 256
14. Finnland; Elfenbeinküste; Schweiz; Belgien; Israel
15. **San Francisco** ist in der Aufzählung die einzige Stadt an der Westküste, die anderen liegen an der Ostküste.
    Die **Iris** ist botanisch gesehen ein Lippenblütler und kein Korbblütler.

16. Simone
17. Nach 48 Wochen am 4. Dezember 2006
18. –
19. 36; 777; 82; 42; –8
20. Schlange; Schildkröte; Skorpion; Eidechse; Leopard
21. **A 380** ist ein Flugzeug und kein Auto.
    Bohnen sind Hülsenfrüchte und kein Getreide.
22. Mittwoch
23. 120 Minuten
24. –
25. 8888; 6; 11; 60; 8
26. Ananas; Banane; Zitrone; Birne; Beere
27. **Honduras** liegt in Mittelamerika und nicht in
    Südamerika.
    Der **Zoologe** beschäftigt sich mit Tieren und ist kein
    Facharzt für den Menschen.
28. –
29. Kaenguru; Marienkaefer; Pelikan; Forelle; Koralle
30. **Englisch** ist keine Amtssprache der Schweiz.
    Stare sind in der Aufzählung die einzigen Zugvögel, da
    sie reine Insektenfresser und keine Körnerfresser wie die
    anderen sind.
31. 36; 31; 14; 169; 13
32. München; Düsseldorf; Kiel; Mainz; Dresden
33. Das **Huhn** ist kein Säugetier. Außerdem hat es Flügel
    bzw. nur zwei Beine.
    Gold ist das einzige Edelmetall in der Aufzählung.
34. 12; 5; 45; 21; 2250
35. Krankenschwester; Postbote; Elektriker; Bäcker; Maurer
36. Der **Mond** ist als einziger ein Trabant und kein Planet.
    Frankfurt ist als einzige keine Landeshauptstadt, die
    Landeshauptstadt von Hessen ist Wiesbaden.

37. 18000; 16; 30; 16; 85
38. Anzug; Regenmantel; Socke; Sommerkleid; Krawatte
39. **Propan** ist kein Edelgas.
    Namibia liegt auf der Südhalbkugel. Tunesien ist zwar auch in Afrika, aber auf der Nordhalbkugel.
40. 106; 33; 1296; 55555; 14641
41. Polizist; Schreiner; Makler; Flaschner; Pferdewirt
42. **April** ist der einzige aufgezählte Monat mit nur 30 Tagen. Die **Schweiz** war vom 2. Weltkrieg nicht betroffen.
43. 42; 9; 2; 1; 3125
44. Eichhörnchen; Papagei; Meerschweinchen; Turmfalke; Spinne
45. Die **Schweiz** hat den Euro nicht als Zahlungsmittel. **Viskose** ist eine synthetisch aus Zellulose gewonnene Faser.
46. 49; 28; 0; 648; 945
47. Andorra; Frankreich; Portugal; Bahrain; Lettland
48. **Clinton** ist der einzige Demokrat, die anderen waren alle Republikaner.
    Die **Tanne** ist der einzige Nadelbaum, die Lärche gilt oft fälschlicherweise als Nadelbaum, ist aber ein Laubbaum und verliert im Herbst ihr Grün.
49. 35; 79; 243; 7776; 125
50. Gurke; Kartoffel; Tomate; Zwiebel; Aubergine
51. **Richard Gere** hatte als Einziger noch nicht die Rolle des James Bond 007.
    Der **Tiger** ist nicht in Afrika beheimatet.
52. 6561; 25; 1; 27648; 9
53. New York; Tokio; Brüssel; Kairo; Luzern
54. **Capoeira** ist die einzige nichtasiatische Kampfform. **Polen** ist das einzige osteuropäische Land.
55. 8; 256; 5; 151; 7
56. Tennis; Karate; Boxen; Fußball; Bowling

57. **Macbeth** ist ein Werk von Shakespeare, die anderen stammen alle von Goethe.
    Louis Pasteur war als Einziger kein Physiker. Hawking wäre jedoch auch richtig, da er als Einziger der Aufgezählten noch lebt.
58. Chirurg; Zimmermädchen; Glasbläser; Autor; Schmied
59. **Großbritannien** ist eine parlamentarische Demokratie.
    Vitamin K ist auch die Bezeichnung für Biotin, das eigentlich kein Vitamin ist.
60. Feuersalamander; Ziege; Goldfisch; Hamster; Gorilla
61. **Apollo 9** war keine Mission zum Mond.
    Der **Opal** gehört nicht zur Familie der Quarze.
62. 16807; 136; 50; 60; 8
63. Luxemburg; Mexico; Kuba; Türkei; Polen
64. **Radon** ist in dieser Aufzählung von Edelgasen das einzig radioaktive.
    Das **Corpus callosum** ist kein Muskel, sondern der Verbindungsbalken zwischen den Gehirnhälften.
65. 1093; 253; 5040; 1024; 162
66. Magdeburg; Speyer; Kassel; Stuttgart; Hamburg
67. Auf **Willy Brandt** wurde während seiner Amtszeit kein Attentat verübt.
    Das **Saxofon** gilt aufgrund seines Mundstücks aus Holz nicht als Blech-, sondern als Holzblasinstrument.
68. 677; 9; 128; 1728; 14641
69. Biene; Seehund; Blattlaus; Giraffe; Schleiereule
70. Die **Pyramide** ist der einzige Körper in der Aufzählung.
    Auch hier fällt die **Pyramide** raus, da sie nicht zu den Platonischen Körpern gehört.
71. 23; 126; 72; 131072; 213
72. Landschaftsgärtner; Konditor; Friseur; Architekt; Maler

73. Der **Wallach** bezeichnet das Geschlecht und nicht die Farbe eines Pferdes.

Auf **Triton** landete noch keine Sonde.

74. 927; 10395; 52; 28672; 200

75. Apfel; Traube; Kirsch; Himbeere; Pflaume

76. Florenz; Glasgow; Sofia; Bordeaux; Athen

77. **Severus** war ein Römischer Kaiser, kein Papst.

Caesar ist die Amtsbezeichnung, die anderen sind Namen von Caesaren (Kaisern).

78. Handball; Tanzen; Fechten; Wasserski; Judo

79. Der Name **Georg** kommt nicht im Nibelungenlied vor.

Mick Jagger gehört zu den Stones, nicht zu den Beatles.

80. Blaumeise; Pfeilgiftfrosch; Hyäne; Pfau; Hummer

81. **Phobos** liegt noch vor dem Asteroidengürtel; **Sirius** ist eine Sonne und auch **Sharon** wäre richtig, da es sich hierbei um einen Mond des Pluto handelt. Es gibt es also drei richtige Möglichkeiten.

82. Piranha; Chamäleon; Eisbär; Ameise; Möwe

83. **Juist** ist die einzige Ostfriesische Insel, die anderen sind Nordfriesisch.

Düsseldorf ist die Landeshauptstadt von Nordrhein-Westfalen.

84. Metzger; Pfarrer; Zimmermann; Landwirt; Designer

85. **Lux** ist die Maßeinheit der Lichtstärke und kein Bestandteil der Strommessung.

Samuel ist der einzige Nichtapostel.

86. Waschbär; Chinchilla; Maulwurf; Fledermaus; Schnabeltier

87. Die **Schildkröte** ist keine Amphibie.

Ungarn hat als Einziges der genannten Länder keinen direkten Zugang zum Meer.

88. Gambia; Trinidad; Benin; Moldavien; Äquatorialguinea

89. **Geografie** zählt nicht zu den Naturwissenschaften.
Der **Euphrat** liegt nicht in Mitteleuropa.
90. Karotte; Rosenkohl; Knoblauch; Rettich; Champignon
91. Die **Sumerer** sind kein europäischer Volksstamm.
Wind ist keine Niederschlagsform.
92. Maputo; Panama; Kingston; Salvador; Ankara
93. **Zaire** ist keine Insel.
Britney Spears steht nicht über drei Jahrzehnte als Künstlerin auf der Bühne.
94. Verkäuferin; Steinmetz; Geigenbauer; Goldschmied; Bierbrauer
95. Aalen; Cloppenburg; Bonn; Wiesbaden; Gotha
96. Wellensittich; Qualle; Kolibri; Truthahn; Pinguin
97. Laos; Slowakei; Ungarn; Zaire; Indien
98. Staubsauger; Kühlschrank; Eierkocher; Toaster; Waschmaschine
99. Optiker; Zugführer; Arzt; Förster; Automechaniker
100. London; Madrid; Paris; Wien; Budapest

Lösungen für die Übungen ab Seite 180

1. 58
2. 67
5. 126122
6. 34921989445 55483463640 53974247657
7. 62101251759 49401286021 49480520018
8.

Zeit	Name	Platz	Grund
8:19	Maxi	Platz 19	mag Nebensitzer nicht
8:21	Peter	Platz 17	muss Pinkeln
8:23	Susi	Platz 8	Übelkeit
8:26	Pia	Platz 41	Tasche vergessen
8:28	Simon	Platz 29	hinterer Sitzplatz

9. Pos. 1   Marion   19
   Pos. 2   Kerstin   28
   Pos. 3   Kim   34
   Pos. 4   Sybille   22
   Pos. 5   Jasmin   31
   Pos. 6   Petra   16
   Pos. 7   Andrea   25
10. 13
11. 166
12. Bahn 1   Ungar
    Bahn 2   Franzose
    Bahn 3   Schweizer
    Bahn 4   Deutscher
    Bahn 5   Engländer
13. Nr. 1   Edward Boyd   Hexer
    Nr. 2   Charles Wood   Werwolf
    Nr. 3   Marie Hill   Vampir
    Nr. 4   Claire Bennet   Mörder
14. Schlosser Maurer   Kürschner   Schustergasse
    Gärtner   Flaschner Metzger   Müllerweg
    Bäcker   Elektriker Töpfer   Putzerstraße
    Glaser   Zimmerer   Bader   Jägerweg
    Schmied   Maler   Pfeifer   Gärtnerplatz
15. Einladung   Hosenbund   Fernseher
    Stereoanlage Buecherregal Raetselhefte
    Mathematisch Kaffeemuehle Autofahrerin
16. Nr. 1   Maier   Katze
    Nr. 2   Reger   Papagei
    Nr. 3   Köhler   Rennmäuse
    Nr. 4   Schwab   Kaninchen
    Nr. 5   Renz   Kanarienvogel
    Nr. 6   Kraus   Meerschweinchen

| | Nr. 7 | Keil | Chinchilla |
| | Nr. 8 | Ebel | Pudel |

17. a) Donnerstag
    b) Montag
    c) Sonntag
    d) Sonntag
18. a) Sonntag
    b) Donnerstag
    c) Mittwoch
    d) Freitag
19. a) Euro 4,–
    b) 13 Tage
    c) 12 km

Register